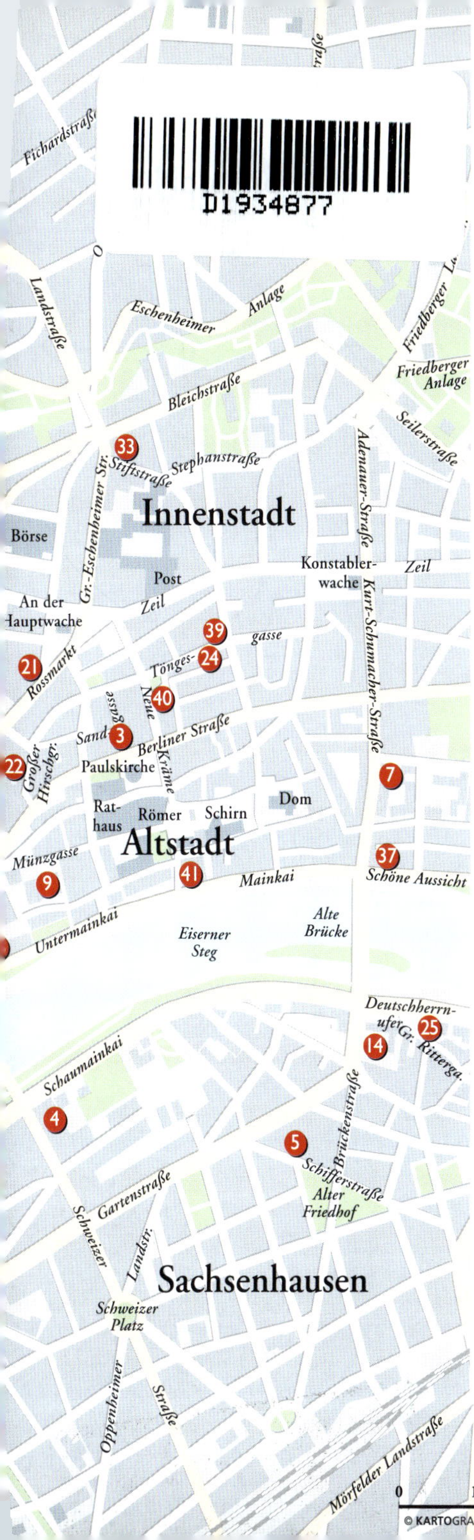

Große Namen in Frankfurt

1. Theodor Wiesengrund Adorno
2. Alois Alzheimer
3. Bettina von Arnim
4. Max Beckmann
5. Matthias Beltz
6. Otto von Bismarck
7. Ludwig Börne
8. Clemens Brentano
9. Giordano Bruno
10. Ignatz Bubis
11. Wilhelm Busch
12. Elias Canetti
13. Liesel Christ
14. Gustave Courbet
15. Friedrich Dessauer
16. Paul Ehrlich
17. Anne Frank
18. Leopold Frobenius
19. Erich Fromm
20. Robert Gernhardt
21. Catharina Elisabeth Goethe
22. Johann Wolfgang Goethe
23. Bernhard Grzimek
24. Otto Hahn
25. Paul Hindemith
26. Heinrich Hoffmann
27. Max Horkheimer
28. Engelbert Humperdinck
29. Marie Luise Kaschnitz
30. Albert Mangelsdorff
31. Ernst May
32. Alexander Mitscherlich
33. Rosemarie Nitribitt
34. Bernd Pfarr
35. Chlodwig Poth
36. Oskar Schindler
37. Arthur Schopenhauer
38. Clara Schumann
39. Friedrich Stoltze
40. Georg Philipp Telemann
41. Fritz von Unruh
42. Siegfried Unseld
43. Friedrich Karl Waechter
44. Marianne Willemer

Dierk Wolters

Große Namen in Frankfurt

Wer wo lebte

SOCIETÄTSVERLAG

Satz: Nicole Proba, Societäts-Verlag
Übersichtskarte: Kartographie Peh/Schefcik, Eppelheim
Umschlaggestaltung: Jutta Schneider, Frankfurt am Main
Druck und Verarbeitung: Messedruck Leipzig GmbH
Printed in Germany 2009

ISBN 978-3-7973-1125-2

Inhaltsverzeichnis

Vorwort

Wer mit Nicht-Einheimischen über Frankfurt redet, wird immer wieder feststellen, dass die Skyline die Vorstellung von der Stadt dominiert. Frankfurt, Bankfurt, Mainhattan, City of the Euro: In der kühlen Welt der Finanzen mischt diese Stadt global mit. Geht man jedoch in Frankfurts Straßen spazieren, gewinnt man rasch einen ganz anderen Eindruck: Die auf Hochglanz polierte Fassade gewinnt an geschichtlicher Tiefe. Wer erstmals Jugendbilder eines alten Menschen sieht, entdeckt ihn in seinem den Gesetzen der Zeit unterworfenen Wandel des Äußeren auf einmal anders, findet mitunter unbekannte Seiten seines Charakters, kann ihn gleichsam neu erkunden. Auf Spuren in den historischen Schichten dieser Stadt herumzuvagabundieren, hat einen ähnlichen, nur schwer erklärbaren Erhellungseffekt. Bisher Unverständliches wird verständlich, Schrulliges, Verschrobenes, Abseitiges begreifbar und somit – unter Umständen – sogar liebenswert.

Liebenswert und Frankfurt – das sind freilich zwei Wörter, die schwer zueinander passen und allenfalls auf Ausschnitte der Stadt Anwendung finden können. Zu gravierend ist die Zerstörung im Zweiten Weltkrieg, zu desaströs sind die Bausünden der bis zum heutigen Tage währenden Nachkriegszeit, zu kalt-technizistisch der Umgang der Finanzmetropole mit ihren Bauflächen, als dass heute mehr als eine Ahnung dessen übrig geblieben wäre, was Frankfurt – auch und gerade kulturell – einmal war: die Heimat Hindemiths und Adornos. Fluchtpunkt Beckmanns. Das natürliche Lebenszentrum Schopenhauers: Aus der Beschäftigung mit den Geistern der Stadt entsteht die Topographie einer ausgesprochen unsentimentalen, sich immer wieder am Zeitgeist zermarternden Geisteskraft. Immer wieder hat sie eine Wirkung entfaltet, die oft weit über Frankfurt in die Welt hinausstrahlte. Der bauliche Niederschlag jener Ideen sind die Wohnungen und Häuser, in denen jene die Stadt prägenden

Menschen lebten. Doch was sagen uns diese Orte heute? Sind sie nicht beliebig, taugen sie überhaupt als Stätten der Erinnerung und des Andenkens? Sind sie überhaupt in irgendeiner Art bedeutsam?

Goethe ist natürlich – wie immer – der Idealfall. Ein Haus, das gleichzeitig Museum, Archiv und Forschungsstätte ist. Schade, dass wir es nicht mehr mit dem Original zu tun haben. Aber wie sprechen zu uns, zum Beispiel, die Wohnorte von Beckmann, Adorno, Horkheimer und Liesel Christ? Von Heinrich Hoffmann und Alois Alzheimer? Ihnen allen war es zuvörderst wichtig, nahe ihrer Arbeitsstätte zu wohnen: an der Kunstakademie, am Institut für Sozialforschung, am Schauspiel oder an der psychiatrischen Anstalt auf dem Affenstein. Das verweist zunächst auf eine gehörige Portion Pragmatismus und ein dringliches Arbeitsethos. Und das wiederum lässt Rückschlüsse zu auf das Klima der Stadt und ihre Bewohner.

Frankfurt setzt auf Arbeit statt auf Prunk. Nur in diesem Klima konnte das entstehen, was hier immer wieder und zu Recht gerühmt wird als Frankfurter Bürgergesellschaft – ein demokratischer Gegenentwurf zum fürstlich geprägten Ständestaat. Nicht von ungefähr schätzte schon Telemann die Stadt aus diesem Grund. Und nicht von ungefähr versammelte man sich 1848 hier in der Paulskirche. Frankfurt, Bankfurt, Mainhattan: Hier kommt – nicht zufällig, aber gleichsam durch die Hintertür – nun doch wieder die Finanzwelt ins Spiel. Sie war es, die jene auf gleiche Chancen bauende und paritätische Rechte setzende Welt der Bürger zu finanzieren half. Johann Jakob Willemer, der sich seine (und zeitweise Goethes) Marianne erkaufte, gehört ebenso dazu wie das Bankhaus Gontard, in dem Hölderlin Unterkunft und seine Liebe fand. Der Wohlstand und das geistige Bemühen, ob als Schriftsteller, Künstler, Universitätsprofessor oder Zeichner, hier reichten sich beide Sphären die Hand.

Wer heute mit diesem Buch durch Frankfurt wandelt, sollte sich freilich nicht täuschen lassen. Denn wenig, allzu wenig, ist geblieben. Nicht selten sind, wie im Fall Wilhelm Busch, die architektonischen Anhaltspunkte ganz verschwunden. Aber auch dort, wo sie noch existieren, in ihrer ganzen oder zumindest ihrer Fassaden-Herrlichkeit, war das Leben vor fünfzig, hundert oder gar zweihundert Jahren ein anderes. Telemann musste sich, als er nach Frankfurt zog, in einer 30.000-Seelen-Gemeinde akklimatisieren. Erst 1875 überschritt die Einwohnerzahl die 100.000. Das muss sich vor Augen halten, wer sich heute mit den visuellen Stützen, die die Architektur gelassen hat, vorstellen will, wie Goethe vom Hirschgraben aus städtische Erkundungstouren unternahm oder wie Arthur Schopenhauer, Selbstgespräche führend, mit seinem Pudel am Main entlang oder zum Englischen Hof am Roßmarkt spazierte. Selbst wenn sie erhalten blieben, sind die Häuser andere als damals – ihre ganze Umgebung hat sich verändert. Hilfe aber können sie sein – Hilfe, sich vorzustellen, wie es einmal war und von welchen Lebensorten welche Wirkung ausging.

Zahlreiche Kollegen und Helfer haben für dieses Buch wertvolle Hinweise geliefert. Ihnen allen gilt mein herzlicher Dank. Ganz besonders verpflichtet bin ich dem Frankfurt-Kenner Jürgen Walburg, der sich bereiterklärt hat, den vorliegenden Text kritisch zu lesen.

Von den zahlreichen Quellen, die mir jenseits der zu den einzelnen Personen vermerkten biographischen Stützen hilfreich waren, seien zwei hervorgehoben: Ohne die exzellente zweibändige „Frankfurter Biographie“ aus dem Verlag Waldemar Kramer, herausgegeben von Reinhard Frost, Sabine Hock und Wolfgang Klötzer, hätte ich für etliche Recherchen ein Vielfaches der Zeit aufwenden müssen. Und ohne die faszinierende Internetseite altfrankfurt.com wäre mir so manches historische Anschauungsmaterial verborgen geblieben. Beide haben mich auf meinen Spaziergängen durch die Stadt treu und hilfreich begleitet.

11.9.1903, Frankfurt – 6.8.1969, Visp (Wallis, Schweiz)

Zeitlebens war **Theodor Wiesengrund Adorno** ein Kritiker der herrschenden Verhältnisse. Heute gilt er als einer der geistigen Hauptvertreter der Neuen Linken, die die 68er-Unruhen hervorbrachten. Aufgewachsen war dieser Kritiker allerdings sehr bürgerlich-wohlhabend an der Schönen Aussicht 9, einem klassizistisch geprägten Haus am Main. Gleich nebenan, Hausnummer 7, betrieb der Vater, ein gebürtiger Frankfurter und zum Protestantismus übergetretener Jude, eine prosperierende Weingroßhandlung. Von beiden Häusern hat der Zweite Weltkrieg alle Spuren getilgt. Adorno besuchte das Kaiser-Wilhelm-Gymnasium in Frankfurt-Sachsenhausen (heute Freiherr-vom-Stein-Schule – das Originalgebäude gibt es ebenfalls nicht mehr). 1914, eine Woche nach „Teddies" elftem Geburtstag, zog die Familie nach Oberrad in die Seeheimer Straße 19. Dort lebte die Familie, bis sie von den Nazis ins Exil getrieben wurde.

Nach Kompositionsstudien hatte sich Adorno in sehr frühen Jahren einen Ruf als scharf urteilender Musikkritiker erworben. Seinen Maßstab bildeten die avantgardistischen Musiktheorien von Arnold Schönberg. Seine philosophischen Anfänge, die Doktorarbeit und die Habilitation, waren hingegen deutlich konventioneller. Erst nachdem dem Privatdozenten 1933 die Lehrbefugnis entzogen worden war, begann sich sein zeitkritischer Ton zu verschärfen. Im amerikanischen Exil entstand gemeinsam mit dem Philosophen und Sozialwissenschaftler Max Horkheimer die Streitschrift über die „Dialektik der Aufklärung". Als er

Vadim Zakharov: „Adornos Arbeitszimmer", Adornoplatz.

1949 nach Franfurt zurückkehrte, wo er fortan bis zu seinem Tod lebte, arbeitete er als Mitglied des neugegründeten Instituts für Sozialforschung, das darum bemüht war, die reine Lehre in eine Kritische Theorie der Gesellschaft umzuwandeln. Zunächst wohnte er in der Liebigstraße 19, später, bis zu seinem Tod, im Kettenhofweg 123 im Westend. Eine Bronzetafel erinnert an den berühmten Bewohner. Dort residierte er mit seiner Frau Gretel in großbürgerlichem Milieu, umgeben von moderner Kunst, darunter eine Reproduktion von Paul Klees „Angelus Novus“. 1953 erhielt er an der Frankfurter Universität eine außerordentliche, 1957 eine ordentliche Professur am Lehrstuhl für Philosophie. Aus der empirischen Forschung zog er sich zunehmend zurück. In den 60er Jahren entstanden zahlreiche Studien zur Philosophie, Soziologie, Musik und Literatur. Theodor Adornos Schwierigkeiten mit der Studentenbewegung lassen sich aus seiner ästhetischen Radikalität heraus verstehen: Die gesellschaftliche Relevanz der Kunst erklärte sich für ihn daraus, dass sie Kritik üben könne, ohne selbst in Gewalt- und Herrschaftszusammenhänge involviert zu sein. Als Studenten 1969 seine Vorlesungen gewaltsam störten, rief er die Polizei – und bediente sich damit eben jenes Herrschaftsapparates, den er zuvor hart kritisiert hatte. Während eines Sommerurlaubs im schweizerischen Visp erlitt er 1969 einen Herzinfarkt. Dort starb er am 6. August. Zum 100. Geburtstag von Adorno errichtete Vadim Zakharov auf dem Adornoplatz ein Denkmal zur Erinnerung; durch einen gläsernen Kubus sieht man „Adornos Arbeitszimmer“ mit Schreibtisch, Stuhl sowie Manuskript- und Notenblättern. Sein Grab befindet sich auf dem Frankfurter Hauptfriedhof.

Lektüre-Tipp: Wolfram Schütte: *Adorno in Frankfurt*, Insel Verlag, Frankfurt 2003.

Im Kettenhofweg 123 wohnte Adorno nach seiner Rückkehr aus dem Exil.

Alois Alzheimer

14.6.1864, Marktbreit – 19.12.1915, Breslau

Alois Alzheimer wurde 1874 im bayerischen Marktbreit bei Würzburg geboren. Dort gibt es noch heute das Alzheimer-Haus. Es wird als Gedenk- und Tagungsstätte genutzt. Alois Alzheimer arbeitete nach seinem Studium von 1888 bis 1902 in Frankfurt als Arzt in der „Städtischen Heilanstalt für Irre und Epileptische". Er muss ein Menschenfreund gewesen sein, ein einfühlsamer Wissenschaftler, der ganz neue Grundsätze bei der Behandlung psychisch kranker Menschen einführte. So verzichtete er in Frankfurt gänzlich auf Zwangsmaßnahmen. Die Behandlung der Patienten erfolgte auf freiwilliger Basis. Wichtig war es für Alzheimer, den Ursachen der Erkrankung in Gesprächen auf den Grund zu kommen. Zudem untersuchte er die Gehirne Verstorbener auf organische Ursachen für Geisteskrankheiten.

Alzheimer lebte nahe der psychiatrischen Klinik, in der er arbeitete, im Haus Liebigstraße 53, schräg gegenüber vom Haus Grüneburgweg 95, in dem Engelbert Humperdinck sowie Heinrich Hoffmann, der Struwwelpeter-Erfinder, gewohnt hatten. Entstanden ist die Klinik zwischen 1859 und 1864 übrigens durch dessen Initiative. Die repräsentative, mit Säulen versehene Fassade des Hauses, in dem heute Finanzgesellschaften und Kanzleien ihren Firmensitz haben, ist noch heute zu sehen.

Jener Patientin, die ihn berühmt machen sollte, begegnete Alzheimer am 25. November 1901. Auguste Deter, die in der Mörfelder Landstraße 64 wohnte, wurde von ihrem Ehemann in die Anstalt gebracht. Die 51-Jährige war geistig stark verwirrt und konnte sich nur an wenig mehr als ihren Vornamen erinnern. Weder räumlich noch zeitlich fand sie sich in ihrem Leben zurecht. „Ich habe mich sozu-

sagen selbst verloren", äußerte sie mehrfach in Gesprächen.
Alzheimer verließ Frankfurt 1902 und ging nach München. Doch 1906 holte ihn das Schicksal seiner Frankfurter Patientin ein. Ihn erreichte die Nachricht von ihrem Tod. Sofort fuhr er an seine alte Wirkungsstätte zurück. Die Obduktion ergab, dass die Hirnrinde dünner war als normal. Der Arzt wies außerdem die Ablagerung von Plaques im Gehirn und die eigentümliche Veränderung der Neurofibrillen nach. Im November 1906 konnte Alzheimer das Krankheitsbild mit seiner Studie „Eigenartige Krankheit der Hirnrinde" vorstellen. Auf Vorschlag seines Kollegen Emil Kraepelin wurde es schließlich als Morbus Alzheimer benannt. Seit 1913 arbeitete er als Professor in Breslau. Alois Alzheimer starb am 19. Dezember 1915. Beigesetzt wurde er auf dem Frankfurter Hauptfriedhof. Hier war seine erste Frau Cecilie Wallerstein, die reiche Witwe des Frankfurter Bankiers Otto Geisenheimer, die er 1894 in Frankfurt geheiratet hatte, 1901 begraben worden.
Heute gibt es allein in Deutschland etwa 1,2 Millionen Demenzkranke.
Die 1864 gegründete Städtische Irrenanstalt, die nicht mehr existiert, stand auf dem Gelände des heutigen Universitätscampus Westend. Dort steht heute ein Denkmal: eine Glasscheibe mit einem darunterliegenden Glaskreuz und einer Inschrift, die an den Wissenschaftler und seine wichtigste Patientin erinnert.

Alzheimers Wohnhaus in der Liebigstraße 53.

Lektüre-Tipp: Konrad und Ulrike Maurer: *Alzheimer. Das Leben eines Arztes und die Karriere einer Krankheit*, Piper Verlag, München 1998.

Bettina von Arnim, geb. Brentano

4.4.1785, Frankfurt – 20.1.1859, Berlin

Ein holdes Antlitz zierte die Fünf-Mark-Scheine nach 1992 – es ist das Gesicht der **Bettina von Arnim, geb. Brentano**, die sich selber Bettine nannte. Doch so liebreizend, wie sie dort schien, war sie gar nicht. Goethe, den sie abgöttisch verehrte, nannte sie das „tolle Kind aus Ffm“. „Engel, wenn auch etwas dämonisch“ oder „meschugge“, so lauteten die Urteile anderer, die sie gut kannten. Ihre Mutter war Goethes Jugendliebe Maximiliane von La Roche. Als 13. der 20 Kinder von Peter Anton Brentano wuchs Bettina in der Großen Sandgasse auf. Dort hatte der Vater 1777 das Haus zum Goldenen Kopf gekauft. Bis 1820 blieb es Stamm-, Wohn- und Handelshaus der Brentanos. Manchen gilt es als geheime „Wiege der deutschen Romantik“ (doch dieses Etikett teilt es sich mit anderen deutschen Erinnerungsstätten). 1793, nach dem Tod seiner zweiten Frau Maximiliane, deren siebtes Kind Bettina war, übergab Brentano sein Geschäft an zwei seiner Söhne und zog sich nach Koblenz zurück. Die achtjährige Bettina wuchs danach gemeinsam mit zwei Schwestern bei ihrer Großmutter Sophie von La Roche in Offenbach auf. Sie war die Verfasserin des berühmten empfindsamen Romans „Geschichte des Fräuleins von Sternheim“. Das Leben führte die exaltierte junge Dame nach Berlin und ins brandenburgische Wiepersdorf, doch Frankfurt ließ sie zeitlebens nicht los. Seit 1801 stand sie in engem Kontakt mit der Schriftstellerin Karoline von Günderrode, die im Frankfurter Cronstettenstift am Roßmarkt wohnte. Aus ihrem Enthusiasmus für Goethe, dessen Briefe an die Großmutter sie in Offenbach gefunden hatte, resultierte auch die Bekanntschaft mit seiner Mutter Aja, die sie bis zu ihrem Tod 1808 regelmäßig besuchte. 1811 heiratete sie Achim von Arnim, den Jugendfreund ihres Bruders Clemens. Noch 1824 war sie beteiligt

am Plan eines Frankfurter Goethe-Denkmals. Auf dem Sockel sollte ein großer Frankfurter Adler zu sehen sein, der „meiner guten Stadt Ffm. Ehre erzeugt", meldete sie dem Dichter nach Weimar. Doch dieser gab sein Frankfurter Bürgerrecht auf. Das „verminderte zu sehr das Interesse für ihn, als daß man noch mit der Energie, die dazu nötig war, die Sache betrieben hätte", heißt es in „Goethes Briefwechsel mit einem Kinde", den sie 1835 publizierte. Auch ihre Briefwechsel mit Karoline Günderrode und Clemens Brentano wurden zur Grundlage von Briefromanen. Eine hochpoetisch und auf sehr romantische Weise die Frankfurter Judengasse verklärende Passage findet sich in den „Gesprächen mit Dämonen" von 1852. Dort beschreibt sie „die engen dunklen Häuser; alles wimmelt, kein Plätzchen zum Alleinsein, zum Besinnen. Manch schönes Kinderauge und feingebildete Nasen und blasse Mädchenwangen füllen die engen Fensterräume, Luft zu schöpfen, und die Väter in den Haustüren fallen die Vorübergehenden an mit ihrem Schacher. Ein Volksstrom wogt in der Straße da laufen so viele Kinder herum in Lumpen, die lernen Geld erwerben, und die Alten, Tag und Nacht sind eifrig, sie in Wohlstand zu bringen, das wehrt man ihnen und schimpft sie lästig."

Immer wieder verschwimmen in Bettina von Arnims Werken Historie und Fiktion. Das und ihre kämpferische Art, sich in den Jahren des Vormärz auf die Seite der Freiheit und der Unterdrückten zu schlagen, machte sie zu einer heftig angegriffenen Person. Ein Teil ihres Nachlasses wird heute im Freien Deutschen Hochstift im Großen Hirschgraben verwahrt.

Lektüre-Tipp: Dagmar von Gersdorff: *Bettina und Achim von Arnim.* Rowohlt, Reinbek 2002.

Heute existiert das Haus zum Goldenen Kopf nicht mehr.

Max Beckmann

12.2.1884, Leipzig – 27.12.1950, New York

Eine Gedenktafel in der Schweizer Straße 3 kündet heute von dem Ort, an dem sich das Atelier des Malers **Max Beckmann** befand. Nach Frankfurt hatte es den 1884 in Leipzig geborenen Künstler eher zufällig verschlagen: Dort wohnte Ugi Battenberg, ein Studienkollege aus Weimarer Zeiten, der ihm Unterkunft gewährte, nachdem er im Ersten Weltkrieg 1915 einen Nervenzusammenbruch erlitten hatte. In „Die Nacht" (1918/19), „Auferstehung I und II" (1916/18) und „Kreuzabnahme" (1917) verarbeitete Beckmann die Kriegseindrücke, die er als Sanitäter an der Front in Ostpreußen und Belgien gewonnen hatte. Sein Zusammenbruch wurde für Beckmann in jeder Hinsicht zum Neuanfang. Er ließ sich in Frankfurt nieder. An den Motiven, die ihm die Stadt bot, schärfte er seinen Blick und verhalf der figürlichen Sachlichkeit, mit der er sich von Vertretern der Abstraktion wie Kandinsky absetzen wollte, zum Durchbruch.

An Frankfurt lobte der Künstler, dass „alles so hübsch beieinanderlag, der großstädtische Betrieb und die altertümliche Enge". Malte Beckmann in seinen Anfängen eher impressionistisch, entwickelte er in den acht Jahren, in

Eine Gedenktafel erinnert an die Zeit, in der Beckmann in Frankfurt lebte.

In der Nähe des Mains und der Städelschule: das Haus Schweizer Straße 3.

denen er als Professor an der Frankfurter Städelschule lehrte, den ihm eigenen unverwechselbaren expressionistischen Stil. Er wandte ihn an auf Techniken, die er von den alten Meistern lernte. So ist die These nicht abwegig, dass die Altmeistersammlung des Städelmuseums stilprägend auf ihn wirkte. 1925 wurde Beckmann an die Städelschule berufen. Dort arbeitete er bis zur Machtergreifung. Dann wurde ihm seine Stelle genommen. Er ging ins Exil. Aber Frankfurter Motive lebten in ihm auch in der Emigration weiter. So malte er 1942 den Frankfurter Hauptbahnhof. Den hatte er, wie seine Frau in ihren Erinnerungen erzählt, häufig spät abends besucht, um dort Menschen zu beobachten. Dem Frankfurter Städel gehört heute das 1919 entstandene Gemälde „Die Synagoge". Es stellt das zerstörte jüdische Gotteshaus am Börneplatz dar, das schließlich die Nazis bei den Novemberpogromen 1938 anzündeten. Es brannte bis auf die Grundmauern ab. Weitere Bilder mit Motiven Frankfurts aus den zwanziger Jahren: „Das Frankfurter Nizza" (1921), „Der Eiserne Steg" (1922), „Eisgang" (1923), „Mainufer und Kirche" (1925) und „Der Wendelsweg" (1928). Alle drei Jahre verleiht die Stadt an seinem Geburtstag, dem 12. Februar, den mit 50.000 Euro dotierten Max-Beckmann-Preis.

Lektüre-Tipp: Stephan Reimertz: *Max Beckmann*. Luchterhand Verlag, München 2003.

Matthias Beltz

31.1.1945, Wohnfeld/ Vogelsberg – 27.3.2002, Frankfurt

Im Vogelsberg wurde er geboren, Frankfurt war seine Wirkungsstätte. Aber der Nachlass von **Matthias Beltz**, immerhin zwanzig Umzugskartons mit Manuskripten, Textentwürfen, Zeitungsartikeln, Fotos, Plakaten und anderen Materialien, liegt jetzt in der Berliner Akademie der Künste. Beltz' Witwe hatte nach dem frühen Tod des Kabarettisten, der im Alter von 57 Jahren in seiner Sachsenhäuser Wohnung (im dritten Stock der Schifferstraße 20) einem Herzinfarkt erlag, nicht den Eindruck, dass sich das Frankfurter Institut für Stadtgeschichte genügend für die Hinterlassenschaften ihres Mannes interessierte. Dabei hat er, in ganz frühen Jahren schon links sozialisiert, die Protestbewegung der 68er wesentlich mitgestaltet. Ohne sich je vereinnahmen zu lassen, wohlgemerkt: Denn geistige Unabhängigkeit war für den scharfen Polit-Kabarettisten mit dem schnellen Witz immer ein hohes Gut. Im Frankfurter Literaturhaus, Schöne Aussicht, hat ein eigens gegründeter Beltz-Verein ein Gedenkzimmer für den Veteranen des Kabaretts eingerichtet.

In der Schifferstraße 20 in Sachsenhausen lebte Beltz bis zu seinem frühen Tod.

Von der hohen Politik bis in die tiefsten Abgründe des Menschlichen zu gelangen, war für Beltz stets nur ein kleiner Schritt. Seinen scharfen Verstand stellte der studierte Jurist in den Dienst der Gesellschaftskritik, hasste aber die linksalternative Übertreibung. Bei Fußball-Länderspielen für Deutschland zu sein, war für ihn selbstverständlich. Undogmatisch, wie er war, schätzte er den konservativen Staatsrechtler Carl Schmitt. Gleichzeitig arbeitete er am Fließband bei Opel in Rüsselsheim, sechs

lange Jahre hob er dort Vorderachsen vom Förderband. In den 70ern besetzte er Häuser in Frankfurt.
Aus „Karl Napps Chaos Theater“ ging 1982 das „Vorläufige Frankfurter Front-Theater“ hervor. Mit seinem ersten Soloprogramm „Gnade für niemand – Freispruch für alle“ trat Beltz 1989 auf die Bühne – ein intellektueller Riese des kleinen Formats. Den Geist der Zeit spürte er im Detail auf und karikierte ihn mit strenger Lust. Es „ist immer das Gegenteil von komisch, wenn sich Leute selber lustig finden“, spottete er über seine dauerfröhlichen Kollegen vom TV-Kabarett. Getreu seinem Aperçu „Die Geschmacksgrenze kann man nur erforschen, wenn man sie überschreitet“ schoss er schnell – und mit Lust – auch übers Ziel hinaus: freundlich, aber stets bereit, für seine Sache zu kämpfen.
„Die Frankfurter Verlobung“ hieß sein letztes, posthum aufgeführtes Stück, eine bissige Selbstabrechnung, in deren Verlauf die einstmals ausgerufene Revolution im Kalauer-Feuerwerk dauerstrandet. Der „Tigerpalast“-Mitgründer war einer der bissigsten Kabarettisten Deutschlands – mit einem intellektuellen Furor, der es anderen, aber auch sich selbst, nie leicht machte. Eine „Instanz“ war er, keine Institution – so erinnerte man sich an ihn bei der Trauerfeier auf dem Frankfurter Hauptfriedhof. „Gnade für niemand – Freispruch für alle“ – im Titel seines ersten Kabarettprogramms gehen Bissigkeit und Solidarität eine seltene Symbiose ein. Man könnte glauben, dass dies sein Lebensmotto war.

Lektüre-Tipp: Volker Kühn (Hrsg.): *Matthias Beltz, Gut, Böse. Gesammelte Untertreibungen.* 2 Bände, Zweitausendeins, Frankfurt 2004.

Otto von Bismarck

1.4.1815, Schönhausen (bei Stendal) – 30.7.1898, Friedrichsruh bei Hamburg

Otto von Bismarck war erzkonservativ, bediente sich aber in seiner Politik modernster Mittel. Sich vor den Zumutungen der Demokratie zu verschanzen wie so manche andere, war seine Sache nicht. Den Widerstand gegen die Revolution von 1848 organisierte er, wie sein Biograf Lothar Gall schreibt, „mit Mitteln, die von außen gesehen denen der politischen Gegner fast aufs Haar glichen“, mit Volksverein und populärer Zeitung, Wahlkampagnen und parlamentarischen Feldzügen. Ein Reaktionär mit Blick für die Erfordernisse des Zeitgeistes: Diese erfrischende und seltene Mischung war es, die Friedrich Wilhelm IV. bewog, den gerade einmal 36 Jahre alten Bismarck als preußischen Bundestagsgesandten nach Frankfurt zu schicken. Dort lebte er von 1851 bis 1859.

In der Höchster Brüningstraße erinnert ein Denkmal an den Politiker.

Die zweibändige „Frankfurter Biographie“ weiß alle Wohnstätten aufzuzählen: Zunächst waren es zwei Parterre-Zimmer im „Englischen Hof“ am Roßmarkt (1904 abgerissen), dann ein Stockwerk in der Hochstraße 45 (1944 zerstört, Gedenktafel am Neubau). Im Herbst 1851 Umzug in die Bockenheimer Landstraße 40, im Oktober 1852 Große Gallusgasse 19, von Mai 1858 an Hochstraße 30. Das Lexikon weiß weiter zu vermerken, dass Bismarck später in Frankfurt nicht mehr bestens beleumdet war. Dass die Stadt 1866 von Preußen annektiert wurde, machte man ihm persönlich zum Vorwurf. In Frankfurt verhandelte Bismarck zur Zeit des Deutsch-Französischen Krieges 1871 auch mit dem französischen Außenminister Favre. Dort, im Hotel „Zum Schwan“ im Steinweg, wo heute die Buchhandlung Hugendubel

steht, wurde auch der Friedensvertrag unterzeichnet. Eine Gedenktafel erinnert an das historische Ereignis. „Ich wünsche von Herzen, dass der Friede von Frankfurt auch den Frieden für Frankfurt und mit Frankfurt bringen werde", sagte er im Römer – und meinte damit insgeheim vielleicht auch Frankfurts Frieden mit ihm selbst. In Höchst, wo Bismarck 1859 Ehrenbürger wurde, steht in der Brüningstraße ein Denkmal von Aloys Mayer (1899). Frankfurter Ehrenbürger wurde Bismarck nie. Ein Denkmal, das 1908 in der Großen Gallusanlage errichtet wurde, wurde 1940 als Frankfurter Metallspende zu Hitlers Geburtstag eingeschmolzen. Bismarck hielt nicht viel vom diplomatischen Getue der Gesandten, die sich im Palais Thurn und Taxis in der Großen Eschenheimer Gasse trafen (im Oktober 1943 und März 1944 bis auf Teile der Fassade bei Bombenangriffen zerstört, ein Wiederaufbau nach historischem Vorbild soll Ende 2009 abgeschlossen sein). Seine direkte Art ließ ihn oft in Konflikt mit ihnen geraten: „Die Herrn hier sind unausstehlich", urteilte er: „Sowie ich einen anrede, setzt er ein diplomatisches Gesicht auf, und denkt nach was er antworten kann ohne zu viel zu sagen und was er über meine Äußerungen nach Hause berichten kann." Er verurteilte die „wichtigthuerische Kleinigkeitskrämerei" vieler Kollegen, gewann mit seinem zupackenden Wesen aber auch Freunde und war bald ein geschätzter Gastgeber. Zu den größten diplomatischen Erfolgen seiner Frankfurter Zeit gehört, dass er die österreichischen Versuche vereitelte, den Deutschen Bund in den Krieg gegen Russland zu ziehen. Im Februar 1859 wurde Otto von Bismarck aus Frankfurt abberufen. Im April machte er seinen Antrittsbesuch als Gesandter in Petersburg.

Lektüre-Tipp: Lothar Gall: *Bismarck – Der weiße Revolutionär*. Propyläen Verlag, Berlin 1995.

Ludwig Börne

6.5.1786, Frankfurt – 12.2.1837, Paris

Dass er Gerechtigkeit, Menschenliebe und politische Freiheit zeitlebens mit Verve forderte, mag mit seiner Herkunft zu tun haben. **Ludwig Börne** wuchs auf mit dem erniedrigenden Stigma, ein Jude zu sein: Eingesperrt in ein Ghetto, das er nicht nach freiem Willen verlassen durfte, war er keiner, der sich mit der objektiven Schilderung dessen, was er erlebte, zufriedengab, sondern nahm Partei – leidenschaftlich, mit großem Wortwitz und immensem Engagement. Am 6. Mai 1786 wurde er im Haus Nr. 118 der Frankfurter Judengasse, einer der besten Adressen des Ghettos, als Juda Löb Baruch geboren. In der schmalen Straße außerhalb der Frankfurter Stadtmauern, die von der Konstablerwache über die heutige Kurt-Schumacher-Straße bis fast zum Main reichte, mussten die Juden 400 Jahre lang leben. Ende des 19. Jahrhunderts wurde die Straße eingerissen. Fünf Fundamente, die man in den 80er Jahren beim Bau eines Verwaltungshauses für die Frankfurter Stadtwerke wiederentdeckte und um die der legendäre Frankfurter Börneplatz-Streit kreiste, kann man heute im Untergeschoss des Hauses Kurt-Schumacher-Straße 10, dem Museum Judengasse, besichtigen. Es wird geführt als Außenstelle des Jüdischen Museums (vgl. die hervorragende Internetseite www.juedischesmuseum.de). Trotz der Restriktionen, denen die Juden ausgesetzt waren, blieb Frankfurt über Jahrhunderte einer der wichtigsten Siedlungspunkte für sie. Die Juden waren gehalten, die eng an eng bebaute Gasse so wenig wie möglich zu verlassen, von Festlichkeiten waren sie ganz ausgeschlossen und öffentliche Plätze durften sie nach dem Recht der sogenannten „Stättigkeit" auch nicht betreten. Im Rückblick auf seine Jugend bezeichnete Börne das Gesetz als „Roman der Bosheit".

Das Haus, in dem er aufwuchs, war 4,3 Meter breit und trug den Namen Rost. Die Familie Baruch betrieb dort ein Wechselgeschäft. Der Vater, der als verschlossener Mann galt, hielt viel auf kaufmännische Ehrenhaftigkeit und tadelloses Auftreten und soll über die Arbeiten seines Sohnes gesagt haben: „Ich lese gern, was in seinen Schriften steht, aber ich wünschte nicht, dass es mein Sohn geschrieben!“ Den Witz seines Geistes übte der Sohn schon gegenüber seinem Frankfurter Hauslehrer Jakob Sachs.
Später schickte ihn sein Vater zum Studieren nach Gießen und Berlin, danach lebte er in Halle und Heidelberg. Von 1811 bis 1815 wohnte der politisch sensible Ästhet abermals in Frankfurt. Sein Vater hatte ihm dort eine Stelle als Polizeiaktuar vermittelt. Fünf Jahre arbeitete er als pflichtgetreuer Beamter. 1815 wurden die nach den napoleonischen Siegen großzügiger gewordenen Gesetze gegenüber den Juden allerdings wieder zurückgenommen und Börne entlassen. 1818 ließ er sich evangelisch taufen, gab eine eigene Zeitschrift, „Die Waage“, heraus, im Januar 1819 wurde er Redakteur der „Zeitung der freien Stadt Frankfurt“, war in dieser Tätigkeit aber vielen Schikanen ausgesetzt. Unheilbar lungenkrank und schwerhörig, lebte er seit dem Tod seines Vaters 1827 von dessen Erbe. Nach zahlreichen Reisen ließ er sich 1830 in Paris nieder, wo Börne sieben Jahre später starb. In der Bockenheimer Anlage erinnert eine Gedenktafel an ihn.

In diesem Haus in der Frankfurter Judengasse wuchs Ludwig Börne auf.

Lektüre-Tipp: Ludwig Marcuse: *Ludwig Börne. Aus der Frühzeit der deutschen Demokratie.* Diogenes Verlag, Zürich 1993.

Clemens Brentano

9.9.1778, Koblenz-Ehrenbreitstein – 28.7.1842, Aschaffenburg

Das Petrihaus am rechten Ufer der Nidda am Rödelheimer Wehr ist einer der markantesten literarischen Orte Frankfurts. Das ursprünglich von einem Bäcker erbaute Haus erwarb 1819 der Bankier Georg Brentano als Rückzugsort. Er war der älteste Sohn des Kaufmanns Peter Brentano, der im Haus zum Goldenen Kopf in der Sandgasse gewohnt hatte (siehe Bettina von Arnim). Georg Brentano ließ es von Karl Friedrich Schinkel im Schweizer Stil umbauen und die umgebende Natur zu einem Landschaftsgarten gestalten. Von den ursprünglichen 14 Hektar sind heute allerdings nur noch vier übrig. Ende der 90er Jahre bildete sich der Förderverein Petrihaus, der das heruntergekommene Anwesen grundlegend renovierte, nachdem die Stadt 1993 eine Sanierung aus Geldgründen abgelehnt hatte.

Von dem Petrihaus profitierten auch Georgs zahlreiche Geschwister, darunter Bettina (später von Arnim) und sein Bruder Clemens. Am Ufer der Nidda trafen sie sich mit den Grimm-Brüdern – mit dem sogenannten Maler-Grimm Ludwig-Emil hatte Georg eine ausgedehnte Italien-Reise unternommen. Auch Adele Schopenhauer und Marianne Willemer waren hier zu Gast. In einem Brief an ihren Gatten Achim von Arnim hat Bettina ihren Eindruck formuliert: „Alles vor dem Haus ist mit Granatbäumen in Blüte besetzt, Schwanen auf der Nidda, die Trauben und Passionsblüten, die gerade am Blühen sind, haben schon die ganze Wand und das Geländer, den Altan, bewachsen. Es ist so schön und gemütlich hier.“ Dass Maxe von Brentano, Bettinas Tochter, das Haus eingehend beschrieben hatte, ermöglichte es, für die Sanierung sowohl die Raumaufteilung als auch die Ausstattung zu erschließen.

Das Petrihaus im Brentanopark.

Clemens Brentano

Heute befindet sich im ersten Stock ein Brentano-Museum. Das Haus war ein Ort des Rückzugs und der Feste. 1823 etwa richtete Clemens Brentano hier die Feier zur Silberhochzeit seines Bruders Franz aus.

Clemens Brentano, der sich immer wieder hier aufhielt, führte ein innerlich wie äußerlich unstetes Leben, getrieben auf der Suche nach Sinn und Halt, geprägt von Stimmungsschwankungen und selbstzerstörerischen Neigungen. Er studierte in Halle Bergwissenschaften, in Jena Medizin, wandte sich immer mehr der Literatur zu, lernte die Weimarer Größen Wieland, Herder, Goethe und Schiller kennen. In Göttingen, wo er seinen Herzensfreund (und den späteren Gatten seiner Schwester Bettina) Achim von Arnim kennenlernte, studierte er Philosophie. Er lebte dann in Heidelberg und Berlin. Aus einer Lebenskrise erwuchs seine Hinwendung zur katholischen Kirche. Sechs Jahre lebte er im westfälischen Dülmen, wo er in 40 Foliobänden die Visionen der Nonne Anna Katharina Emmerick aufzeichnete. Mit diesem Material beschäftigte er sich inständig in den kommenden Jahren. Von 1829 an lebte er abermals in Frankfurt, ab 1833 in München. In diesen Jahren entstand sein tiefreligiöses, zu Lebzeiten immens erfolgreiches Spätwerk. 1842 starb er in Aschaffenburg im Haus seines Bruders Christian. Schwärmerei und Schwermut, religiöse Inbrunst und (oft vergebliches) irdisches Liebeswerben hatten sein Leben geprägt. Clemens Brentanos religiöse Werke, in seiner Zeit oft als Erbauungsliteratur missverstanden, sind heute nur Spezialisten bekannt. Geblieben bis heute und im kollektiven Gedächtnis mit seinem Namen verknüpft ist seine Volksliedersammlung „Des Knaben Wunderhorn“ und die Sagengestalt der „Lore Lay“, die er auf der Grundlage ihm bekannter Erzählungen schuf und die zur Vorlage zahlreicher romantischer Bearbeitungen von Heine bis Eichendorff wurden.

Lektüre-Tipp: Heiner Boehncke, Hans Sarkowicz: *Literaturland Hessen.* Societäts-Verlag, Frankfurt 2005.

Giordano Bruno

1548, Nola bei Neapel – 17.2.1600, Rom

Das unstete Leben von **Giordano Bruno**, das auf dem Scheiterhaufen in Rom endete, dort, wo heute eine Büste des bei lebendigem Leib Verbrannten auf den Campo de' Fiori blickt, ist eine Abfolge geistiger Kämpfe. Mit 17 Jahren trat er in den Dominikanerorden ein, weigerte sich aber, Marien- und Heiligenbildchen aufzuhängen.

Marienkult und Heiligenverehrung lehnte er ebenso ab wie das Trinitätsdogma und die Transsubstantiationslehre – kein Wunder, dass er in seiner von religiösem Eifer geprägten Zeit auf erheblichen Widerstand stieß. Wegen Ketzerei angezeigt, musste er fliehen – von Neapel nach Rom, Turin, Venedig, nach zahlreichen weiteren Stationen schließlich ins kalvinistische Genf. Aber auch dort eckte er an. Toulouse und Paris waren weitere Stationen. Er erwarb sich einen Ruf als streitbarer Universalgelehrter. König Heinrich III. förderte ihn, Giordano Bruno ging nach Oxford. Weil er Aristoteles angriff, blieb ihm ein Lehrstuhl dort allerdings versagt. 1586 schließlich führte ihn seine Wanderschaft nach Marburg, 1590 nach Frankfurt. Frankfurt galt schon damals als Stadt der Bücher und Verlage. Bruno bereitete hier den Druck seiner lateinischen Hauptschriften „De triplici minimo et mensura, de monada, numero et figura" und „De immenso" vor, die er auf der Buchmesse bekanntmachen wollte. Über die Messe schrieb Henri Etienne schon 1574: „Die Qualität der alten und modernen Bücher, die man hier findet, ist unbeschreiblich. Es scheint eine Messe der Messen, man kann ruhig sagen, eine Messe der Musen zu sein." Brunos Plan, bei dem Drucker Johann Wechel zu wohnen, schlug fehl. Der Senat der Stadt erlaubte ihm den Aufenthalt nicht. So wich er aus ins Karmeliterkloster (Münzgasse 9) – ein kaiserliches Privileg, von Karl V. 1531 erlassen, entzog die Konvente der Karmeliter der weltlichen Gerichtsbarkeit. Johann Müntzenberger, der Prior des Klosters, notierte über Brunos Aufenthalt, dieser beschäftige „sich meistens mit Schreiben oder ging träumerisch und neuen

Ideen nachgrübelnd auf und ab". Außerdem korrigierte Bruno die Druckfahnen und schnitt das Holz für die Illustrationen.

Doch ausgerechnet Frankfurt wurde ihm zum Verhängnis. 1591 geriet er in Konflikt mit dem Rat der Stadt, wurde ausgewiesen, kehrte jedoch nach einiger Zeit wieder zurück, um seine Schrift „De imaginum, signorum et idearum compositione" vorzubereiten. Dann kam er in Kontakt mit dem venezianischen Adligen Giovanni Mocenigo. Der lud ihn nach Venedig ein. Er wollte von Bruno in Gedächtniskunst unterrichtet werden. Bruno nahm diese Einladung an, wohnte bei Moncenigo. Als er jedoch abermals nach Frankfurt zurückkehren wollte, um dort eine weitere Schrift zu verlegen, reagierte sein Gastgeber eifersüchtig. Offensichtlich hatte er erwartet, von Bruno in den magischen Künsten unterwiesen zu werden. Jetzt vermutete er, Bruno wolle sein geheimes Wissen anderen weitergeben. Enttäuscht denunzierte er ihn schließlich bei der Inquisition. Auch nach acht Jahren Haft und zahlreichen peinlichen Verhören war Giordano Bruno nicht bereit, seine Lehren vollständig zu widerrufen. Zu ihnen gehört die scholastischen Lehrsätzen widersprechende Annahme, dass das Universum unendlich sei. Ebenso lehrte er, in der pantheistischen Tradition der Antike stehend, dass Gott und Natur identisch seien. Eher als durch theologische Gedanken sei Gott deshalb durch die Erforschung der Natur zu erkennen. Vielen gilt Giordano Bruno deshalb bis heute als kämpferischer Vorläufer der Moderne. Berühmt geworden ist der Satz, mit dem er auf das Urteil von Papst Clemens VIII. reagierte: „Mit größerer Furcht verkündet Ihr vielleicht das Urteil gegen mich, als ich es entgegennehme."

Lektüre-Tipp: Anacleto Verrecchhia: *Giordano Bruno. Nachtfalter des Geistes*, Böhlau Verlag, Wien 2002.

Das Frankfurter Karmeliterkloster heute.

Ignatz Bubis

12.1.1927, Breslau – 13.8.1999, Frankfurt

Geboren wurde **Ignatz Bubis** in Schlesien. Im Zweiten Weltkrieg war er interniert in einem Munitionslager in Tschenstochau. Von Pforzheim aus zog er einen Edelmetallhandel auf und verdiente damit sein erstes Geld. Bevor er mit 72 Jahren starb, hatte er verfügt, in Israel beigesetzt zu werden – „weil ich nicht will, dass mein Grab in die Luft gesprengt wird". Aber letztlich war Ignatz Bubis wohl Frankfurter, und zwar „aus Passion", wie er selbst sagte. Die Passion machte ihn allerdings mitunter recht streitselig. Die Stadt, in der er sich 1956 mit 29 Jahren niederließ, ließ ihn nicht in Ruhe – und er nicht sie. Unweigerlich geriet Bubis, der mit Immobiliengeschäften reich wurde und nichts dagegen hatte, als Spekulant bezeichnet zu werden, über seine umstrittenen Projekte im Westend mit den Hausbesetzern der 60er Jahre in Streit. Er wohnte in einer vornehmen Villa im Frankfurter Westend, sein Haus war stets von der Polizei gesichert, im Erdgeschoss befanden sich Büroräume. „Sein täglicher Terminplan ist so dicht wie die Jalousien am Fenster seiner Villa in der Schumannstraße 65", notierte sein Biograf Peter Sichrovsky. Gemeinsam mit Chaim Gruza hatte Bubis in den 60er Jahren die Doppeltürme in der Ulmenstraße 37–39 gebaut. 2005 wurden sie aus Bubis' Nachlass für rund 20 Millionen Euro zwangsversteigert. Die frühe Gegnerschaft hinderte Joschka Fischer, der sich im Frankfurter Häuserkampf auf der anderen Seite tummelte, nicht daran, Bubis später als „großen, bürgerlichen Demokraten" zu bezeich-

In dieser Westend-Villa lebte und arbeitete Ignatz Bubis.

nen, „einen, der seinen Mann steht, wenn andere kneifen". Ein Straßenkämpfer und ein Immobilienkaufmann Seit' an Seit'? Das mag auch damit zusammenhängen, dass sich Bubis 1985 urplötzlich bei den Linken wiederfand. Damals nämlich sollte Rainer Werner Fassbinders Theaterstück „Der Müll, die Stadt und der Tod" uraufgeführt werden. Und Bubis gehörte zu jenen, die die Bühne des Frankfurter Schauspiels besetzten.

1983 wurde Bubis Vorsitzender der Jüdischen Gemeinde Frankfurt, von 1992 an war er Vorsitzender des Zentralrats der Juden in Deutschland. 1987 drohte der Neubau der Stadtwerke die letzten Reste der alten Judengasse unwiederbringlich zu begraben. Mit anderen rief Bubis das Bündnis „Rettet den Börneplatz" aus. Ein kleiner Teil der Fundamente, die bis ins 12. Jahrhundert zurückreichen und von der Geschichte der Frankfurter Juden zeugen, konnte gerettet werden.

Ohne Zweifel hatte Bubis das Talent zu polarisieren – das, zu versöhnen und Brücken zu bauen, aber ebenso. Diese Dialogfähigkeit war es, die ihm auch von Seiten seiner politischen Kontrahenten Achtung eintrug. 1998 legte er sich mit Martin Walser an, dem in der Frankfurter Paulskirche der Friedenspreis des Deutschen Buchhandels verliehen worden war und der in seiner Dankesrede Verständnis dafür zeigte, wenn man angesichts der permanenten Thematisierung von Auschwitz wegschaue. Den Vorwurf der „geistigen Brandstiftung" zog Bubis zwar zurück – doch dies war nur eine Annäherung, keine Versöhnung. Bubis selber blickte enttäuscht auf seine eigene Amtszeit zurück: Er habe „nichts oder fast nichts" bewirkt, bilanzierte er ernüchtert. Das jüdische Gemeindezentrum trägt heute seinen Namen. Erst nach langen Auseinandersetzungen beschloss Frankfurt am 23. September 2000, die Obermainbrücke in Ignatz-Bubis-Brücke umzubenennen.

Lektüre-Tipps: Ignatz Bubis mit Peter Sichrovsky: *Damit bin ich noch längst nicht fertig.* Campus Verlag, Frankfurt 1996.

Fritz Backhaus, Raphael Gross, Michael Lenarz (Hrsg.): *Ignatz Bubis. Ein jüdisches Leben in Deutschland.* Jüdischer Verlag im Suhrkamp Verlag, Frankfurt 2007.

15.4.1832, Wiedensahl – 9.1.1908, Mechtshausen am Harz

Das erste Mal kam **Wilhelm Busch** 1867 mit Frankfurt in Berührung. Da war er 35 Jahre alt. Er besuchte seinen Bruder Otto, der hier eine Anstellung als Erzieher im Haus des Bankiers Johann Daniel Heinrich Keßler hatte. Mit der Familie pflegte Otto ein so gutes Verhältnis, dass er sogar im Keßler'schen Familiengrab bestattet wurde. Wilhelm Busch war damals längst kein Unbekannter mehr. „Max und Moritz" war publiziert und hatte ihm einen nicht unerheblichen Ruhm eingetragen. Mit der Bankiersgattin Johanna und ihren beiden Töchtern Ferdinanda (Nanda) und Letitia (Letty) verstand er sich bald ausnehmend gut – eine nicht eben häufige Konstellation im Leben des Misanthropen und Eigenbrötlers. Sein Spitzname für das Damentrio war „1, 2, 3". Offenbar liebte er Johanna, und sie liebte ihn. „Über den platonischen Zaun gesprungen", wie Busch es später einmal formulierte, sind die beiden wohl nicht. Zunächst nahm sie ihn in ihrer Villa in der Bockenheimer Landstraße 62 auf. Später mietete er sich ein Atelier im Künstlerhaus im Kettenhofweg 44. Und im Oktober 1871 schließlich zog er ins ehemalige Kutscherhaus des Anwesens. Heute steht dort das in den 20er Jahren erbaute Mietshaus Wiesenau 15. Nichts von alldem existiert mehr – mit Ausnahme eines heute auf den Bürgersteig der Bockenheimer Landstraße verfrachteten kleinen klassizistischen Brunnens. Der sogenannte „Westendbrunnen" gehörte zum benachbarten Grundstück Nr. 64, auf dem die klassizistische Villa der Familie Malapert von Neufville stand. Dieser Familie gehörte ursprünglich auch

der Keßler'sche Grund. Zwischen Supermarkt und Steakhaus-Eingang bleibt der Brunnen die einzige Reminiszenz an jene Zeit, in der die Bockenheimer tatsächlich noch eine Landstraße war, weil sie – bis in die 80er Jahre des 19. Jahrhunderts hinein ein ungepflasterter Sandweg – von der Stadt ins ländliche Bockenheim führte. Buschs Wohnstätte übrigens, weiß Martin Mosebach zu berichten, war völlig unzerstört und wurde erst nach dem Zweiten Weltkrieg abgerissen.

Von der Villa Keßler steht heute kein Stein mehr.

In seiner Frankfurter Zeit malte und lebte Busch intensiv. Aus seinem Geburtsort Wiedensahl, wohin er 1873 zurückkehrte, sind Briefe in Gedichtform an die Keßlers erhalten, die Auskunft geben, wie er in Frankfurt lebte. So schreibt er: „Am schönsten aber – wisst Ihr's noch? – / Am allerschönsten war es doch, / Wenn wir die schönen Nachmittäg, / Am Tische dort im Gartenweg, / Den Maiwein in die Gläser gossen / Und ihn dann still und unverdrossen / Mit Freudigkeit hinunterschlürften – / Wenn wir das nur bald wieder dürften!!"

Sogar des Hessischen bequemte er sich zum Spaße. Mit Bezug auf den Deutsch-Französischen Krieg, der in vollem Gang war, dichtete er weiter: „Indes trotz diesem und trotzdem / Gedenk' ich doch in dem Oktober / Von meinem Vaterland Hannober / Zurück in Frankfurt an dem Main – / Ihr Kinnercher! – bei Euch zu sein." 350 Briefe gingen im Lauf seines Lebens nach Frankfurt. Niemandem schrieb er öfter als den Keßlers.

Johanna Keßler mit ihren Töchtern beim Spaziergang. Aquarell über Bleistift auf Papier, 11,2 x 13,5 cm.

Im Frühjahr 1872 erschien die „Fromme Helene". Die „sündliche" Großstadt, von der hier eingangs die Rede ist, ist eindeutig Frankfurt. Die erste Anregung dafür bezog er aus einer Aufführung der „Schönen Helena" im Thalia-Theater, Frankfurts erstem Operetten-Theater, in der Saison 1869/70.

Die Pause nach seinem Auszug wurde recht lang. Als ihn die Keßlers in Wiedensahl besuchen wollten, flüchtete Busch und glänzte durch Abwesenheit. 1891 ließ er sich wieder in Frankfurt blicken. Von da an – Johanna war inzwischen verwitwet – kam er fast jedes Jahr. Gern setzte er sich den modernen Torturen der Großstadt aus. Im Juni 1904 blickte er zurück: „Mein Besuch in Frankfurt a/Main stand unter dem Zeichen des Automobils. Hunderte dieser

Stänker flitzten hin und her und blärrten dabei gleich, denk ich mir, den Rhinozerößern im Urwald. Zunächst kommen Einem die Dinger ja unheimlich vor, dennoch mögen sie wohl zu land die Fahrzeuge der Zukunft sein." Im Juni 1907 besuchte Busch Frankfurt zum letzten Mal. Anfang 1908 starb er.

Lektüre-Tipps: Michaela Diers: *Wilhelm Busch. Leben und Werk.* DTV, München, 2007. Gudrun Schury: *Ich wollt, ich wäre ein Eskimo. Das Leben des Wilhelm Busch.* Aufbau-Verlag, Berlin 2007. Martin Mosebach: *Spaziergang zum Portikus.* In: Maria Gazzetti (Hrsg.): *Frankfurt: Literarische Spaziergänge,* S. Fischer, Frankfurt 2005, S. 121–156.

Einzig der Westendbrunnen verweist auf den Ort, an dem die Villa Keßler stand.

Elias Canetti

25.7.1905, Rustschuk (Bulgarien) – 14.8.1994, Zürich

„Die wechselnden Schauplätze meines frühen Lebens nahm ich ohne Widerstand auf", so beginnt „Die Fackel im Ohr", der zweite Teil der autobiografischen Trilogie von **Elias Canetti**. Nur der Abschied von Zürich berührte ihn mit „Bitterkeit". Von dort, wo er fünf Jahre verbracht hatte, verschlug es ihn mit seiner Mutter und zwei kleineren Brüdern – sein Vater war mit 31 Jahren an einem Herzschlag gestorben – nach Frankfurt. Da war er gerade einmal 16 Jahre alt. Von 1921 bis 1924 lebte er in der Pension Charlotte, dem heutigen Hotel Palmenhof, in der Bockenheimer Landstraße 89–91. „Da die Umstände ungewiss waren und wir noch nicht wussten, wie lange wir bleiben würden, zogen wir in eine Pension. Da lebten wir in zwei Zimmern, ziemlich gedrängt, viel näher mit anderen Menschen als je zuvor, wir fühlten uns zwar als Familie, aber wir aßen unten mit anderen zusammen an einem langen Pensionstisch." Der verschwenderisch redselige Autor beschreibt es mit scharfem Blick auf die anderen Gäste. Allesamt werden sie ihm zum Personal eines Dramas mit offenem Ende namens Zeitgeschichte: der Kriegsveteran auf Krücken, ein Emporkömmling, von Beruf Börsianer, die schicke Lady, die auf ihre Linie achtet, und die ebenso kulturbeflissene wie in ihren Geistesgaben beschränkte Konversationsdame. Hier, in der Schule, lernt der junge Canetti den unversöhnlichen Judenhasser ebenso kennen wie den reichen und doch so gewöhnlichen Konfektionshausbesitzer Wertheim, weil er mit dessen Sohn Felix dieselbe Klasse besucht. In diesen Jahren der Orientierungssuche schärft er seinen satirischen Blick, spitzt sich sein Widerwille gegen die Gefallsucht der bloß Reichen dermaßen zu, dass er literarische Früchte in Gestalt der späteren Beschreibungen trägt.
Es sind die Jahre der Inflation, und den jungen Elias quält der schreckliche Verdacht, dass seine Mutter Zürich nur hinter sich gelassen hat, weil man ihr gesagt hat, hier, in Frankfurt, könne sie billiger leben. So ist Canettis Grundhaltung in all jenen Jahren die einer latenten Abwehr, und dies wohl umso mehr, je enger es zugeht – und in der Pen-

sion Charlotte, wo jeder Herrenbesuch im Nebenzimmer um zehn Uhr zu enden hatte, jedes Geräusch vorher aber durch die dünne Wand drang, war es mitunter qualvoll eng. In Frankfurt hatte er es sich, „um mich gegen die Geldgesinnten in meiner eigenen Familie zu behaupten, zur etwas billigen Tugend gemacht, Geld zu verachten. Ich hielt es für etwas Langweiliges, Immergleiches, dem nichts Geistiges abzugewinnen war, an dem die Menschen, die sich ihm ergaben, allmählich vertrockneten und steril wurden."

Lektüre-Tipp: Elias Canetti: *Die Fackel im Ohr. Lebensgeschichte 1921–1931.* Hanser Verlag, München 1980.

Nach einer Krankheit zieht seine Mutter nach Wien, die beiden jüngsten Söhne nimmt sie mit, Elias soll bleiben und beendet am Wöhlergymnasium im Stadtteil Dornbusch noch sein Abitur. Ein halbes Jahr, das er als vollkommene Freiheit empfindet, verbringt er in einer Gastfamilie, besucht Versammlungen, hört Rednern und Straßendiskussionen zu, verfolgt, wie sich öffentliche Meinung bildet und welche mäandernden Wege sie geht – was er jetzt in Frankfurt erlebt, wird zur Keimzelle seines monumentalen Essays „Masse und Macht", der 1960 erscheint. Und auch eine andere Frage brennt sich ihm immer tiefer ein. Auch sie wird ihn begleiten: die Empörung darüber, dass der Mensch – jeder Mensch – dem Tod ausgeliefert ist. Zeitlebens wird er dagegen rebellieren. Canetti war monomanisch, egozentrisch, narzisstisch in hohem Maße. Er war geistreich, witzig, wusste um den Schatz seines ungeheuerlichen Gedächtnisses und war für eine gute Pointe leicht bereit, anderen eine Verletzung zuzufügen. Es war nicht ungefährlich, sich in der Nähe des scharfzüngigen Mannes aufzuhalten. Nach einer Ausbildung als Chemiker wurde er als Romancier, Essayist, Dramatiker, Aphoristiker und theoretischer Denker bekannt. Sein einziger Roman „Die Blendung" erschien 1936.

Die Pension Charlotte ist heute das Hotel Palmenhof. An Canetti erinnert eine Gedenktafel.

Liesel Christ

16.4.1919, Frankfurt – 15.8.1996, Frankfurt

„Werklich zu goldisch" sei das kleine pummelige Mädchen mit blonden Locken gewesen, schreibt Sabine Hock, die Biografin der Volksschauspielerin **Liesel Christ**. Im April 1919 kam sie im Frankfurter Nordend (Koselstraße 42, 1. Stock) zur Welt. Erste Auftritte hatte sie schon in jüngsten Jahren. Die Fünfjährige sollte im Frankfurter Opernhaus das Kind der Madame Butterfly spielen. Auf der Bühne aber packte das kleine Mädchen die Angst – Liesel brüllte laut drauflos und musste vom Tenor in die Kulisse zurückgetragen werden. Als „Wunderkind von Frankfurt" galt sie seit einer Erfolgsinszenierung von „Peterchens Mondfahrt" 1926, in der sie die Hauptfigur spielen durfte. Die „klaa Christ" wurde seitdem von allen erkannt. 1931 zog die Familie um nach Praunheim, In der Römerstadt 251.

Dass sie, wenn sie groß wäre, zum Theater gehen würde, stand für Liesel Christ von Anfang an fest. Nach ihrer Theaterausbildung hatte sie erste Engagements in Koblenz und in Heilbronn als Opern-Soubrette. Dort lernte sie auch den Opernsänger Fritz Dahlem kennen, den sie 1942 heiratete. Vier Monate später kam ihre erste Tochter, Gisela, zur Welt. Nur elf Tage nach der Geburt gaben sie die Eltern zu ihren Großeltern nach Frankfurt – Berufspläne und Familie ließen sich nicht vereinbaren. 1944 wurde die Ehe geschieden. Es folgte ein Engagement in Görlitz. Von dort flüchtete sie in den letzten Kriegstagen zu Fuß nach Frankfurt. „Der Fußgänger von Görlitz nach Frankfurt", erzählte sie später oft, sei ihre schwerste Rolle gewesen. Acht Monate nach Kriegsende stand sie wieder in Frankfurt auf der Bühne. Seitdem spielte sie im Rhein-Main-Gebiet – auf den Bühnen Bad Homburgs, im Kleinen Theater am Zoo, im Kabarett und im neugegründeten Operettentheater, im Frankfurter Lustspielhaus, bei der Hessischen Volksbühne und schließlich bei der Landesbühne Rhein-Main. Stets blieb sie – soweit das möglich war – dem heiteren Fach treu. Auf der Landesbühne schließlich avancierte sie schnell zum Liebling des Publikums. 1957 zog Liesel Christ in die Rhönstraße 70. Die Rolle ihres Lebens kam 1960: Im Fernsehen wurde sie als Mama Hesselbach bekannt.

Lektüre-Tipp: Sabine Hock: *Liesel Christ, Volksschauspielerin.* Verlag Waldemar Kramer, Frankfurt 2004.

Als sie 1971 das Frankfurter Volkstheater gründete, scherzte sie: „Jetzt hab ich mit iwwer 50 noch emal e Kind krieht". Erste feste Spielstätte wurde, nachdem man eine Weile durch Bürgerhäuser getingelt war, das Haus der Jugend am Deutschherrnufer 12. Auf der „breiten Weltliteratur" gründend gleichzeitig dem Volk aufs Maul zu schauen – so formulierte Liesel Christ einmal ihren Anspruch. Wie ernst sie es meinte, zeigte die Inszenierung von Goethes „Urfaust" 1979. Selbst Kollegen hielten diesen Plan zunächst für einen Witz – die Aufführung wurde ein rauschender Erfolg. Wie von selbst, schreibt ihre Biografin, avancierte Liesel Christ zur Botschafterin ihrer Stadt. Ihre Liebe zur Frankfurter Mundart bewies sie auch mit Lesungen aus dem Werk des Frankfurter Dichters Friedrich Stoltze.

In dem Haus Leerbachstraße 12 c, etwas versteckt hinter der Alten Oper, führte sie seit Mitte der 70er Jahre ein bescheidenes Dasein, schwamm morgens eine Runde im Swimmingpool der Nachbarn, ging dann die zehn Minuten zu Fuß zum Theater. Um 10 Uhr begannen die Proben.

Bescheiden und zentral: das Haus Leerbachstraße 12 c.

„Meine Partei ist Frankfurt!", pflegte Liesel Christ zu sagen, die sich politisch nicht vereinnahmen ließ. Ihre letzte große Fernsehrolle hatte sie in den 80er und frühen 90er Jahren in der Serie „Mit Leib und Seele" als Küsterin Agnes Bebel an der Seite von Günter Strack. Nach ihr wurde nicht nur ein Park, die Liesel-Christ-Anlage zwischen Bockenheimer Anlage und Hochstraße, benannt, sondern auch ein Gorilla-Baby im Zoo und eine Gerbera im Palmengarten. Am 15. August 1996 starb sie an einer Gehirnblutung. Begraben ist sie im alten Teil des Frankfurter Hauptfriedhofs, ganz in der Nähe von Friedrich Stoltze.

10.6.1819, Ornans (Frankreich) – 31.12.1877, La-Tour-de-Peilz (Schweiz)

Frankfurt spielt keine unwichtige Rolle im Leben des von wildem Schaffensdrang getriebenen **Gustave Courbet**. Von seiner Mission überzeugt, rannte er zeitlebens mit kindlichem Gemüt immer wieder gegen Mauern des Unverständnisses an. Aufgewachsen war der 1819 Geborene im Französischen Jura in einer wohlhabenden Bauernfamilie. Sie schickte den jungen Mann zum Studium der Rechtswissenschaften an die Universität von Besançon. Doch er ließ sich dadurch nicht von seiner Leidenschaft, dem Malen, abbringen und setze seinen Unterricht auch fort, als man ihn nach Paris beorderte. Im Louvre kopierte Courbet die alten Meister und sympathisierte mit den Revolutionären seiner Zeit. Die Wahrheit wollte er abbilden, nicht die Lüge – das war für ihn auch jene idealistische Malerei, die der Pariser Salon seiner Zeit favorisierte. Das Wort „Réalisme" prangte in großen Lettern über seinem Pavillon auf der Weltausstellung 1855, in dem er 40 eigene Werke ausstellte – eine Protestaktion gegen den Pariser Salon, der eine Vorauswahl hatte treffen wollen. So etwas ließ sich ein Courbet nicht bieten! Man war gehörig schockiert über die Fleischlichkeit seiner Darstellungen und mehr als irritiert über den unmittelbaren, gar nicht mehr allegorischen Zugang zur Natur, den er pflegte. Mit einem Wort: Paris hatte seinen Skandal. Im März 1852 waren zwei seiner Bilder in der Frankfurter Lederhalle in der heutigen Hasengasse zu sehen gewesen, „Die Steinklopfer" sowie „Begräbnis in Ornans", beide im Realismus ihrer Darstellung des bitter einfachen ländlichen Lebens geradezu programmatisch und weit entfernt von dem, was man in Paris unter einem würdigen Motiv verstand. Die Aufmerksamkeit in Frankfurt soll so groß gewesen sein, dass im Casino ein Schild hing: „Es ist verboten, hier über Herrn Courbet zu sprechen." Im Januar 1858 zeigte der Kunstverein eine Courbet-Ausstellung, im August schließlich kam der Meister selbst. Er wurde entzückt empfangen, in der

Blick Gustave Courbets aus seinem Atelierfenster.

besseren Gesellschaft riss man sich um ihn. Er wurde eingeladen auf Jagden im Taunus, im Spessart und an der Bergstraße und wurde seinem Ruf, nicht nur ein großer Künstler, sondern auch ein großer Lebemann zu sein, mehr als gerecht. Dem Leben, dem Lachen, den Frauen und dem Trinkgenuss zugeneigt, soll er auf einer dieser Jagd-Veranstaltungen ganze 70 Hasen geschossen, auf einer anderen, am Silvestertag 1858, einen 400 Pfund schweren Vierzehnender-Hirsch erlegt haben. Er wohnte zunächst in einem Atelier des Städelschen Kunstinstituts, wahrscheinlich im Deutschordenshaus auf der Sachsenhäuser Mainseite. Dies legt sein Gemälde „Blick auf Frankfurt" nahe, das den Main, die Alte Mainbrücke und den Dom zeigt, wie er ihn aus seinem Atelierfenster sehen konnte. Das Bild ist heute ebenso im Besitz des Städelmuseums wie der „Dorfausgang im Winter" und die „Welle". Nach einem Streit mit dem Städelprofessor Jakob Becker zog er um in ein Atelier im Kettenhofweg 44 (das Haus existiert nicht mehr). Zwölf Bilder entstanden in Frankfurt, darunter auch die rätselhafte „Dame de Francfort", deren Identität bis heute ungeklärt ist. Zahlreiche Jagdszenen wie auch seine „Kämpfenden Hirsche oder Brunft im Frühling" verdanken sich den Anregungen seiner Vergnügungen im Frankfurter Umland. Trotz der ausschweifenden Festivitäten arbeitete Courbet intensiv, beflügelt von der Anerkennung und Bewunderung, die ihm entgegenschlug. Im Freien malte er in einem Sachsenhäuser Gehölz, und in seinem Atelier standen ihm zwei riesige ausgestopfte Hirsche Modell.

Europaweit geehrt, lehnte er in Frankreich das Kreuz der Ehrenlegion ab. Der Staat, fand er, sollte keinen Einfluss in Kunstdingen haben. 1870 wurde er Mitglied der Pariser Kommune und als solches nach der Zerstörung der Vendôme-Säule schließlich für sechs Monate inhaftiert. Seine letzten Jahre verbrachte er in La-Tour-de-Peilz am Genfersee. Dort starb er, an Wassersucht erkrankt, am 31. Dezember 1877. Genau hundert Jahre später wurden seine Gebeine an seinen Geburtsort Ornans überführt.

Lektüre-Tipp: Marie Luise Kaschnitz: *Die Wahrheit, nicht der Traum. Das Leben des Malers Courbet*. Insel Verlag, Frankfurt 1989.

Friedrich Dessauer

19.7.1881, Aschaffenburg – 16.2.1963, Frankfurt

Er war ein besessener Arbeiter, zugleich ein nüchterner Denker und seinem ganzen Wesen nach überaus strukturiert – nicht absehbar, welche Entwicklung die deutsche Röntgen-Forschung ohne den medizinisch-technischen Pionier **Friedrich Dessauer** genommen hätte. Mit Begeisterung stürzte er sich auf die Aufgaben, die ihm das Leben stellte. In eine Aschaffenburger Industriellenfamilie hineingeboren, verbrachte er viele Stunden seiner Jugend in der Firma. Er sei, schreibt er selbst, „in jeder freien Stunde (ja, ich gestehe, auch mancher, die mir nicht freigegeben war) zu den Maschinen und Menschen, die solche stählernen Riesen regierten, entschlüpft". Hier findet sich, was Dessauers Leben künftig leiten sollte, aufs Schönste zusammengeführt: Menschen und Maschinen. Seine Technik-Begeisterung war immer aufs Engste verknüpft mit dem Wunsch, helfen zu wollen. Als er für seine ersten Röntgenstudien, die er mit gerade einmal 16 Jahren anfertigte, von dem Würzburger Wissenschaftler Conrad Röntgen ermutigt wurde, muss ihn das ungeheuer beflügelt haben. Um es zu vermeiden, dass die komplexen Apparaturen falsch bedient wurden, bedurfte es umfangreicher technischer Kenntnisse. Sie zu vermitteln, machte bald einen Großteil von Dessauers Arbeit aus. Um sich nach dem Tod seines Vaters das Studium zu finanzieren, gründete er schon mit 20 Jahren eine eigene Fabrik. Noch im gleichen Jahr erlitt er eine schwere Strahlenverbrennung – er hatte sich bei seinen Versuchen nicht genügend geschützt. Acht Jahre später eröffnete er eine Filiale in Frankfurt. 1914 hatten die Vereinigten Elektroinstitute Frankfurt-Aschaffenburg, kurz VEIFA, (das Telefonbuch dieses Jahres siedelt sie in der Hanauer Straße 22 an), schon 500 Mitarbeiter.

Friedrich Dessauer wurde 1920 Professor für physikalische Grundlagen der Medizin in Frankfurt und baute hier ein eigenes und rasch wachsendes Institut auf, das heutige Max-Planck-Institut für Biophysik. Er suchte nach Methoden, einen Tumor im Körperinnern zu zerstören,

ohne die umgebende Hautoberfläche zu schädigen. Heute gilt Dessauer als Begründer der Röntgen-Tiefentherapie. Hinzu kam bald seine Mitarbeit in der Zentrumspartei. Fortan pendelte er rastlos zwischen Frankfurt und Berlin, betrieb hier Politik und forschte dort – und das, obwohl er zu dieser Zeit schon krank war, angegriffen durch Strahlenschäden, die er sich bei seinen Experimenten zugezogen hatte. Hundert Hautoperationen musste er in seinem Leben überstehen.

Politik sei ihm „Pflicht“ und „Opfergang“ gewesen, die er dem Volk schuldig sei, zitiert ihn sein Biograf Wolfgang Pohlit, der seine Arbeit an der Frankfurter Universität würdigt. Zwar war er einer derjenigen, die mit der NSDAP nach den Wahlen im Sommer 1932 verhandelten, doch die Zustimmung zum Ermächtigungsgesetz verweigerte er vehement. Er wurde verhaftet, 1934 ging er ins Exil, lehrte und therapierte in Istanbul („Ich hatte manchmal bis zu achtzig Kranke an der Schwelle sitzen, die um Behandlung flehten. Alle hatten Krebs“) und nach dem Krieg im schweizerischen Fribourg. 1950 kam er erstmals zu Gastvorlesungen nach Frankfurt zurück, längst schwer leidend von vielen Strahlungsschäden und Hautoperationen. Von 1953 bis 1956 lehrte er wieder an der Universität und zog dafür in seine alte Wohnung in der Stresemannallee 36 zurück. 1961 wurde ihm die Ehrenbürgerwürde Frankfurts verliehen.

Das Haus Stresemannallee, in dem Dessauer wohnte, existiert nicht mehr. Heute gibt es kein Denkmal in Frankfurt, dass an Dessauer erinnert.

Lektüre-Tipp: Wolfgang Pohlit hat Dessauers Leben ausführlich beschrieben. Der Text im Internet: http://www.physik.uni-frankfurt.de/fb/fb13/Dateien/paf/paf84.html

14.3.1854, Strehlen (Schlesien) – 20.8.1915, Bad Homburg

Es gibt nicht viele Wissenschaftler, deren Leben verfilmt wurde. **Paul Ehrlich**, dessen Porträt der 200-Mark-Schein zeigte, gehört zu ihnen. „Paul Ehrlich – ein Leben für die Forschung" heißt der Film von 1939 auf Deutsch ein bisschen dröge – und im amerikanischen Original „Dr. Ehrlich's Magic Bullets". Diese Zauberkugeln waren der Traum, der Ehrlichs Forschungen leitete: Medikamentenmischungen, die der effektiven Krankheitsbekämpfung dienten.

Es war Frankfurts Oberbürgermeister Franz Adickes, der den Direktor des Königlichen Instituts für Serumforschung und Serumprüfung überzeugen konnte, sein Institut nach Frankfurt zu verlegen. Hier plante Adickes den Aufbau einer exzellenten Universität. Seit 1899 leitete Ehrlich das Königliche Institut für Experimentelle Therapie, das sich mit Krebsforschung und Chemotherapie beschäftigte. Aus ihm ging später das heutige Paul-Ehrlich-Institut in Langen hervor. Außerdem wurde er 1906 Gründungsdirektor das neuen Georg-Speyer-Hauses (Paul-Ehrlich-Straße 42–44), das sich die Bekämpfung der Syphilis zum Ziel gesetzt hatte. Es entstand mithilfe einer Spende von einer Million Goldmark, die die Bankierswitwe Franziska Speyer ihm drei Jahre zuvor zur Verfügung gestellt hatte, nachdem er sie bei einem Abendessen, seine Formeln auf die Tischdecke kritzelnd, für seine Pläne hatte begeistern können.

„Ehrlich färbt am längsten", witzelten schon seine Kommilitonen über den begeistert Farbstoffe erforschenden Studenten, der darüber nicht selten Nächte im Labor verbrachte. Schon der Gymnasiast hatte weiße Tauben gern in blaue umgewandelt. Er machte maßgebliche Entdeckungen bei der Therapie von Blut- und Infektionskrankheiten. Als Mitbegründer der Immunologie erhielt er 1908 den Nobelpreis. 1909 entdeckte er Salvarsan – ein Mittel, das gegen Syphilis wirkte. Es machte ihn berühmt, brachte ihm aber prompt auch Prozesse ein: Wer von der Syphilis gezeichnet sei, verdiene nicht, geheilt zu werden, argumen-

Paul Ehrlich in seinem Arbeitszimmer in Frankfurt um 1900.

tierten seine Gegner. Der Prozess am Frankfurter Landgericht ging zu seinen Gunsten aus. Paul Ehrlich ging gestärkt daraus hervor.
Er selbst hatte einmal von den vier G's gesprochen, die ein guter Forscher brauche: „Geduld, Geschick, Glück und – last, but not least – Geld." Letzteres bekam er in Frankfurt reichlich, blieb dabei aber, wie unter anderem von seiner Sekretärin Martha Marquardt überliefert, stets bescheiden. Zeitlebens aß er wenig, soll aber jeden Tag 25 starke Zigarren geraucht haben. Er lebte in einer Wohnung in der Westendstraße 62. Das Haus wurde im Zweiten Weltkrieg stark zerstört. Eine seiner Wirkungsstätten, das Georg-Speyer-Haus, existiert bis heute. Ein berühmtes Bild zeigt den rastlos forschenden Wissenschaftler in seinem Arbeitszimmer, umgeben von Büchern und Türmen bedruckten Papiers. Schon 1910, zu seinen Lebzeiten, wurde die Straße, in der sich die Institute befanden, denen er vorstand, nach ihm benannt (während der Nazi-Zeit wieder umbenannt), und auch, dass ein Mondkrater Ehrlich heißt, erweist ihm Ehre.
1915 erlitt Ehrlich einen Herzinfarkt. Wenig später starb er, zur Kur, in Bad Homburg. Begraben liegt er auf dem jüdischen Friedhof an der Rat-Beil-Straße in Frankfurt. Ein Denkmal auf dem Westendplatz erinnert an den Forscher.

Lektüre-Tipp: Ernst Bäumler: *Paul Ehrlich. Forscher für das Leben.* Minerva-Verlag, Mönchengladbach 1997.

Anne Frank

12. Juni 1929 Frankfurt – März 1945 Bergen-Belsen

Otto und Edith Frank hatten zwei Kinder: Margot und die vier Jahre jüngere Anne, die am 12. Juni 1929 geboren wurde. Hätte die junge Familie nicht unter der antisemitischen Stimmung gelitten, hätte es für sie keinen Grund gegeben, aus Frankfurt wegzuziehen. Doch die zunehmende Popularität Hitlers machte den Franks zu schaffen.

Die Familie lebte zunächst in einer geräumigen Mietwohnung im Marbachweg 307 im heutigen Stadtteil Dornbusch, zog jedoch ein Jahr nach Annes Geburt aus ihrem Geburtshaus in die unweit gelegene Ganghoferstraße 24 ins feine Frankfurter Dichterviertel um. Ein Grund für den Umzug: Der Besitzer des Hauses im Marbachweg war Mitglied der NSDAP. Knapp eineinhalb Monate nach der Machtergreifung der Nazis gewann die NSDAP am 13. März die Kommunalwahl in Frankfurt. Spätestens da war Otto Frank, einem sorgenvoll vorausschauenden Geschäftsmann, klar, dass hier für ihn, seine Frau und seine beiden kleinen Kinder kein Bleiben mehr war. Nach dem Krieg schrieb er rückblickend: „Als sich viele meiner Landsleute in Horden nationalistischer, grausamer, antisemitischer Verbrecher verwandelten, musste ich die Konsequenzen ziehen, und obwohl es mich zutiefst schmerzte, sah ich ein, dass Deutschland nicht die Welt war und verließ Frankfurt für immer." Zu diesem Entschluss mochte beigetragen haben, dass ihm, wie man auf den Internetseiten des Anne-Frank-Hauses Amsterdam nachlesen kann, über seinen Schwager die Möglichkeit

Gedenktafel am Haus Ganghoferstraße.

geboten wurde, in Holland eine Firma aufzubauen.
Dort, im Hinterhaus der Prinsengracht 263, musste **Anne Frank** ein Leben im Versteck führen, bis sie verraten und von Hitlers Schergen abgeholt wurde. Sie wurde ins KZ Auschwitz deportiert, dann nach Bergen-Belsen. Dort starb sie im Alter von 16 Jahren an Typhus – wenige Wochen vor der Befreiung.

Mutter Edith Frank mit ihren Töchtern Anne (links) und Margot in der Frankfurter Innenstadt. Aufnahme vom 10. März 1933.

Was lässt sich über Anne Frank in ihren ganz jungen Frankfurter Jahren sagen? Erstaunlich viel: Stets wurde sie gemessen an den Leistungen ihrer größeren Schwester, was sie einem gewissen Leistungsdruck aussetzte. Sie muss überdies ein überdurchschnittlich aufgewecktes, lebhaftes und an allem interessiertes Mädchen gewesen sein. Es gibt ein Foto von ihr im Sandkasten hinter dem Frankfurter Haus und eines vom 10. März 1933, das sie und ihre Schwester an den Händen ihrer Mutter beim Einkaufen in der Frankfurter Innenstadt zeigt. Gemacht hat es ihr Vater Otto. Es ist das letzte Bild aus der Frankfurter Zeit. Diese Dokumente wirken wie Fotos, die trotz der schweren Bedingungen von familiärem Glück zu zeugen scheinen. Eine glückliche Ehe, zwei wohlgeratene Kinder, der Wille zur bürgerlichen Lebensweise: Nichts auf den Bildern deutet das tragische Schicksal an, das der Familie bevorsteht. Heute kann man die Fotografien nicht mehr ohne das Wissen darum betrachten. Das macht diese Bilder bis heute zu schwer zu ertragenden Dokumenten eines katastrophalen politischen Versagens.

Lektüre-Tipp: Mirjam Pressler (Hrsg.): *Das Tagebuch der Anne Frank*. S. Fischer Verlag, Frankfurt 2002.
Im Internet: www.anne-frank.org.

Hier wohnte Anne Frank mit ihrer Familie, bis die Nazis sie vertrieben.

Leopold Frobenius

29.6.1873, Berlin – 9.8.1938, Biganzolo

Leopold Frobenius war der Sohn eines preußischen Offiziers und der Enkel des Berliner Zoodirektors. Abenteuerlust war ihm in die Wiege gelegt. 1873 wurde er in Berlin geboren, brach die Schule vor dem Abitur ab, absolvierte eine kaufmännische Lehre, volontierte dann in diversen ethnologischen Museen. 1898 erschien sein erstes wissenschaftliches Werk über den „Ursprung der afrikanischen Kulturen". Im selben Jahr gründete er sein Afrika-Archiv. In den kommenden intensiven Jahren folgten etliche Forschungsreisen nach Afrika. 1920 zog er mit dem Afrika-Archiv, das er in „Institut für Kulturmorphologie" umbenannte, nach München – er entwickelte eine Kulturkreislehre, die derjenigen der Zivilisationsläufe, wie sie Oswald Spengler im „Untergang des Abendlandes" entworfen hatte, nicht fernstand. Dabei unterschied er sich zeitlebens von der politischen Rechten, die diese Thesen für ihren Glauben an die schicksalsbestimmte deutsche Vorherrschaft in der Welt nutzen wollte. Denn Frobenius ging es im Erkennen immer wiederkehrender Muster genau um das Gegenteil: Er wollte der in Europa gern behaupteten „Geschichtslosigkeit" Afrikas ein Bild entgegenstellen, dass die Historie des Kontinents ernst nahm. Léopold Sédar Senghor, ein Dichter, Mitbegründer der Bewegung der Négritude sowie der erste senegalesische Präsident des Landes nach der Befreiung, schrieb deswegen über ihn einmal, er habe „Afrika seine Würde und seine Identität wiedergegeben". Thomas Mann charakterisierte Frobenius als „Mischung aus Schnoddrigkeit, Abenteuerlichkeit und Genialität". Mit Kaiser Wilhelm II. war er gut befreundet, auch noch, als dieser längst im Exil lebte. Bis zu Frobenius' Tod schrieben sich die beiden Briefe, in denen sie über ethnologische, archäologische und mythologische Themen diskutierten.

Dem Frankfurter Oberbürgermeister Ludwig Landmann war es zu verdanken, dass er mitsamt seinem Institut 1925 nach Frankfurt übersiedelte. In seinem Ziel, eine exzellente Universität aufzubauen, lockte er den Nicht-Akademiker, indem er seine Sammlung finanziell sicherte – gegen den Widerstand vieler Kollegen. 1932 wurde Frobenius Honorarprofessor, 1934 zusätzlich Direktor des Völkerkundemuseums. Er selbst, der inzwischen als einer der bedeutendsten Ethnologen seiner Zeit galt, wohnte im Haus Untermainkai 4, dem heutigen Degussa-Traditionshaus. Es ist eine der wenigen klassizistischen Villen am Flussufer des Mains, die über den Zweiten Weltkrieg hinaus erhalten blieben. Der Konzern kaufte der Stadt das Areal an der Weißfrauenstraße 1955 ab. Der Firma diente das Haus nach seiner umfassenden Sanierung im historischen Stil als Treffpunkt für Festlichkeiten und als Gästehaus. Das Gebäude ist heute denkmalgeschützt und soll in das geplante „Maintor"-Projekt, die Neugestaltung des Degussa-Geländes, integriert werden (Stand 2008).

Lektüre-Tipp: Hans-Jürgen Heinrich: *Die fremde Welt, das bin ich. Leopold Frobenius, Ethnologe, Forschungsreisender, Abenteurer.* Edition Trickster im Peter Hammer Verlag, Wuppertal 1998.

Zum Erbe Frobenius', das heute in dem nach ihm benannten Institut am Grüneburgplatz 1 verwaltet wird, gehören auch 5.000 Felsbildzeichnungen. Frobenius war es damals gelungen, zahlreiche Frankfurter Bürgertöchter für die harte Arbeit zu gewinnen, die in der heißen Wüste entdeckten prähistorischen Bilder zu zeichnen und zu kopieren. 1938 starb Frobenius in seinem italienischen Haus in Biganzolo am Lago Maggiore. Von einem Mitarbeiter wurde der Leichnam nach Frankfurt überführt. Hier liegt er auf dem Hauptfriedhof begraben.

Das Haus Untermainkai 4 hat den Zweiten Weltkrieg überlebt.

Erich Fromm

23.3.1900 Frankfurt – 18.3.1980 Muralto/ Schweiz

Es geht die Anekdote um, dass der Obst- und Beerenweinhändler Naphtali Fromm, wohnhaft Frankfurt, Liebigstraße 27, seine Kunden äußerst unfreundlich behandelt habe. Wer mit einem Wunsch sein Geschäft mit den großen Fensterfronten im Westend betrat, störte ihn schließlich beim Talmud-Studium. Im Stockwerk darüber lag die Wohnung, in der sein Sohn Erich aufwuchs. So orthodox war Erich Fromms Herkunft, dass es nicht verwundert, dass der am 23. März 1900 geborene Sohn zunächst wie viele seiner Verwandten eine Rabbiner-Laufbahn einschlagen wollte. **Erich Fromm** besuchte die Wöhler-Schule (heute Mierendorffstraße 6). Nach dem Abitur studierte er zwei Semester Jura in Frankfurt, dann ging er nach Heidelberg, um seine Kenntnisse in den Fächern Psychologie, Philosophie und Soziologie zu vertiefen. Seine Frankfurter Heimat verlor er dabei nicht aus dem Blick. 1920 wurde hier das Freie Jüdische Lehrhaus gegründet, eine Art jüdische Volkshochschule. Zu ihren Gründern zählte auch Erich Fromm. Später studierte er in München und Berlin. 1929 kehrte er abermals zurück. Mit anderen gründete er das Süddeutsche Institut für Psychoanalyse in Frankfurt. Ein Jahr später rief ihn Max Horkheimer an das Frankfurter Institut für Sozialforschung. Dort forschte er gemeinsam

Im Erdgeschoss mit den großen Schaufenstern hatte Vater Naphtali Fromm sein Geschäft, einen Stock darüber wohnte seine Familie.

mit Theodor W. Adorno und Herbert Marcuse. Später folgte er dem emigrierten Institut nach New York, überwarf sich jedoch mit ihm 1939, als Adorno dort Vollmitglied werden sollte. Nach dem Krieg zog er nach Mexiko. Berühmt über Fachkreise hinaus wurde er erst in seinen späten Jahren. 1956 erschien „Die Kunst des Liebens“ – ein Werk, das sich bis heute 25 Millionen Mal verkaufte. 1976 publizierte er „Haben oder Sein“. Ein Hauptgedanke dieses Werkes: Immer wieder warnt Fromm darin, den Menschen zur „Ware“ herabzuwürdigen. Er fordert eine Gesellschaftsform, die den Menschen und nicht den Profit in den Mittelpunkt stellen soll. Ein Grund für den andauernden Erfolg seiner Weltbestseller: Er sprach dem Menschen jenseits der oft normierten Arbeitswelt, die ihm nur Konformität abverlange, einen Eigenwert zu. Das „Loch im Selbst“ versuche der moderne Mensch mit narzisstischer Selbstbespiegelung und fremdbestimmten Aktivitäten wie Konsum zu kompensieren, verliere dabei aber den Bezug zu seinem Inneren. Als Fromm das schrieb, war er schon seit zwei Jahren wieder in Europa, allerdings fern von Frankfurt. Fromm, inzwischen eine Leitfigur der alternativen Bewegung, hatte sich im Tessin, in Muralto, niedergelassen. Dort starb er 1980 nach seinem vierten Herzinfarkt. Frankfurts Goetheplakette wurde ihm ein Jahr darauf posthum verliehen. Nach dem frühen Tod des Vaters im Dezember 1933 hatte Erichs Mutter Rosa die Wohnung im ersten Stock aufgegeben. Sie lebte noch bis nach der „Reichskristallnacht“ in der Straße Auf der Körnerwiese 8 und emigrierte schließlich mithilfe ihres Sohnes 1939 nach England und 1941 nach Amerika. Die Stadt Frankfurt hat 2000 einen kleinen Platz in der Liebigstraße zum Erich-Fromm-Platz umgetauft.

Lektüre-Tipps: Rainer Funk: *Erich Fromm.* Rowohlt Verlag, Reinbek 1983. Rainer Funk: *Erich Fromm – Liebe zum Leben. Eine Bild-Biographie.* DVA, München 1999.

Robert Gernhardt

13.12.1937, Reval (Estland) – 30.6.2006, Frankfurt

Er wollte Maler werden. 1964 plante er, für ein halbes Jahr nach Frankfurt zu ziehen. Er blieb für den Rest seines Lebens. **Robert Gernhardt**, am 13. Dezember 1937 in Reval in Estland als Sohn eines Richters geboren, studierte Kunst in Berlin. Doch eine Stippvisite bei der 1962 gegründeten, heute legendären Zeitschrift „Pardon" führte ihn auf einen anderen Lebensweg. Im Kreis von F. K. Waechter, F. W. Bernstein, Chlodwig Poth, Eckhard Henscheid und anderen, die sich zur „Neuen Frankfurter Schule" zusammenschlossen, wurde er zu einem der führenden Satiriker des Landes. 1979 wurde er Mitgründer des Satiremagazins „Titanic", das er mit Karikaturen und bald auch einer regelmäßigen „Humor-Kritik" versorgte, die den Deutschen und ihrem verquasten Verhältnis zum Lachen auf die Spur zu kommen suchte. Vor allem in diesem geistigen Sinne war Frankfurt ihm wohl eine Heimat: „Der Geist schwebt nicht über den Städten, er konkretisiert sich in großen Geistern, in Dichtern oder Denkern", hat er einmal in einer Rede zum Neujahrsempfang der Stadt Frankfurt 2002 gesagt. Im Anschluss hat er dann von Goethe gesprochen. Aber dass für ihn und seinen persönlichen Kreis die Dichter und Denker vor allem jene Frankfurter Kollegen und Freunde der hiesigen Humorschmiede waren, steht außer Frage. Der Linken, zu der er auf eine ungemein feinsinnige Weise natürlich auch gehörte, brachte er Humor überhaupt erst bei: „Die Basis sprach zum Überbau: ‚Du bist ja heut' schon wieder blau!'/ Da sprach der Überbau zur Basis: ‚Was is?'"

Seine Gedanken- und Zeichenwerkstatt hatte er in den oberen Räumlichkeiten seiner Wohnung in der Neuhaußstraße 12. In dem Band „Körper in Cafés" von 1988 bedichtet er den herbstlichen Baum vor seinem Haus und gibt damit zugleich eine Probe seines Toskana-geschulten Malerblicks:

„Wie sehr bemerkenswert ist doch
ein dunkler Baum, durch den ein Wind geht,

wenn dieser Wind schön mild ist und
der große Baum scharf gegens Licht steht,
doch so, dass er am andern Rand
sich ganz und gar vereint dem Glänzen.
So also, links vom Licht begrenzt
und rechts so lichterfüllt, dass Grenzen
im Leuchten einfach weg sind und
ein Seufzer kommt aus meinem Mund."

Mehr als vier Jahrzehnte brachte er von seinem Lebensmittelpunkt Frankfurt (und ein paar Monate im Jahr von der geliebten Toskana aus) seine Zeichnungen und mehr und mehr seine Verse unters Volk – und das wortwörtlich: Denn volkstümlich war Gernhardt von Anfang an. Mit Otto Waalkes schrieb er die Drehbücher für dessen Filme – so einer hat es schwer bei der auf Seriosität getrimmten Kritik. Es brauchte Jahrzehnte, bis sich die Einsicht durchsetzte, dass der Klamauk der „Neuen Frankfurter Schule" ernsthafte Betrachtung verdient. Komik und hohe Kultur sind kein Gegensatz: Robert Gernhardt gebührt das Verdienst, dies glaubhaft gemacht zu haben.

Sein langes Krebsleiden beschrieb er („Die K-Gedichte") eifrig und zum Teil sogar humorvoll: „Jede Chemo ein Gedicht." Am 30. Juni 2006 ist er gestorben. Begraben ist er auf dem Frankfurter Hauptfriedhof.

In der Parkanlage Wörthspitze in den Stadtteilen Höchst und Nied kündet eine Gedenktafel vom „Grüngürteltier". Das ist eine Art Kreuzung aus Schwan, Star und Molch, die Robert Gernhardt dort entdeckt haben wollte – und zeichnete. Zum Dank wurden drei Eschen nach ihm benannt.

Der Nachlass des Dichters und Zeichners liegt in Marbach. Immerhin 1.500 Blätter von ihm gehören allerdings zum Kernbestand des Frankfurter Caricatura-Museums.

Lektüre-Tipp: Robert Gernhardt: *Gesammelte Gedichte*. S. Fischer Verlag, Frankfurt 2008.

Das Haus, in dem Robert Gernhardt lebte – und der Baum, den er bedichtete.

9.2.1731, Frankfurt – 13.9.1808, Frankfurt

Er wäre in Frankfurt erstickt, wäre er 1775 nicht nach Weimar gegangen, schrieb Johann Wolfgang Goethe seiner Mutter **Catharina Elisabeth, geborene Textor**, 1781 in einem Brief. Das war zwar eine Erklärung Goethes für seine Frankfurt-Flucht und die anschließende Karriere im fernen Weimar, sonderlich diplomatisch freilich war sie nicht. Denn Aja, wie er und früher seine Sturm-und-Drang-Freunde, die im Haus am Großen Hirschgraben 23–25 ein- und ausgegangen waren, sie nannten, blieb zeitlebens hier – und war damit oft nicht glücklich. Ein Jahr, bevor ihr geliebter Sohn die Stadt verlassen hatte, war ihre beste Freundin, das Freifräulein Susanna Catharina von Klettenberg, gestorben. Auch die Tochter Cornelia war tot: Schwer depressiv, überlebte sie ihr 26. Lebensjahr nicht – sie starb im Kindbett. Seitdem war es einsam geworden um die zu fröhlicher Geselligkeit neigende Frau aus bestem Hause.

In einem ihrer wunderbaren Briefe, von denen 400 erhalten sind, schrieb sie 1779 in der ihr eigenen Schreibweise: „Es mögen wohl noch gute Menschen in Frankfurth seyn, villeicht verwundre ich mich einmahl in der Ewigkeit dass ich sie hir verkandt habe – aber vor der Hand, geht doch Frau Aja ihren Pfad allein fort." Zwei Jahre später erlitt ihr Mann Johann Caspar einen Schlaganfall – bis zu seinem Tod 1782 war er auf die Hilfe seiner Frau angewiesen. „Ich lebe in dieser großen Stadt wie in einer Wüste", schrieb sie danach verzweifelt an ihren Sohn – wenig sensibel also, wenn dieser in solcher Situation auf lang vergangene eigene Erstickungsgefühle verweist und sich ansonsten nicht sehen lässt.

Noch dreizehn Jahre lebte sie allein in dem großen und repräsentativen Haus am Hirschgraben mit seinen zwanzig

Zimmern. Sie empfing viele Gäste in dieser Zeit – sie kamen, die Mutter des berühmten Johann Wolfgang zu sehen.
„Wie konnte ich nur 46 Jahre auf dem Hirschgraben leben!" heißt es aber schließlich in einem Brief, den sie 1795 nach Weimar schickte. Da war sie umgezogen – in das nahegelegene Haus Zum goldenen Brunnen am Roßmarkt. 1895 wurde das schöne Haus abgerissen (heute Hauptwache 8, Gedenktafel). Dort hatte sie eine Wohnung in der zweiten Etage bewohnt, die sie „niedliches Logiegen" nannte, mit einem hübschen Ausblick auf die Hauptwache und die unter ihren Fenstern flanierenden Menschen: „Sogar an Regentagen ist es lustig die vielen hundtert Paraplü vormiren ein so buntes tach." Zum Umzug hatte ihr Sohn zugeraten. Aja Goethe stand in freundschaftlichem Kontakt mit Bettine von Arnim, die eine Goethe-Biografie plante und sich mit ihr über ihren Sohn unterhielt. Catharina Elisabeth Goethe starb am 13. September 1808. Beigesetzt wurde sie im Grab der Großeltern ihres Mannes auf dem Peterskirchhof, Seite Brönnerstraße: „Hier ruhet Goethes Mutter", war lange auf dem Stein zu lesen. Erst seit Goethes 250. Geburtstag steht dort auch ihr Name.

Lektüre-Tipp: Ernst Beutler (Hrsg.): *Goethe – Briefe aus dem Elternhaus*. Insel Verlag, Frankfurt 2002.

Das gelbe Gebäude hinten links ist das Haus zum Goldenen Brunnen, in dem Goethes Mutter Aja im Alter lebte.

Johann Wolfgang Goethe

28.8.1749 Frankfurt – 22.3.1832 Weimar

Mit stupend ausdauernder Leidenschaft buhlt Frankfurt um die Zugehörigkeit des größten Sohnes der Stadt. Ein Preis ist nach ihm benannt, es gibt Festivals bei jeder Gelegenheit, das Geburtshaus (mit zugehöriger Forschungsstätte, dem Freien Deutschen Hochstift) ist eine der touristischen Hauptattraktionen der Stadt. Am 22. April 1944 wurde es allerdings von Kriegsbomben in Schutt und Asche gelegt. Ernst Beutler, der erste Direktor des Museums, engagierte sich dafür, es originalgetreu wiederaufzubauen. Am 10. Januar 1951 öffnete das neue Goethehaus, Großer Hirschgraben 23–25. Goethe ist Frankfurter von Geburt – gewählt hätte er die Stadt aber wohl nicht. Er verließ sie 1775; da war er gerade einmal 25 Jahre alt. Und hätten ihn nicht verschiedene Zwischenfälle gehalten, wäre er wohl noch früher gegangen.

Goethes Verhältnis zu Frankfurt ist die Geschichte seiner Adoleszenz – nicht unwichtig zwar und in manchem sogar prägend. Doch die Reifejahre verbrachte der Dichter anderswo. 1749 wurde er in beste bürgerliche Verhältnisse hineingeboren, der Vater war Kaiserlicher Rat. Das Haus am Großen Hirschgraben wurde 1756 umfassend renoviert. In seiner Autobiografie „Dichtung und Wahrheit“ (1811–1831) schildert er anschaulich den Zustand vorher und nachher: „dass wir in einem alten Hause wohnten, welches eigentlich aus zwei durchgebrochenen Häusern bestand. Eine turmartige Treppe führte zu unzusammenhangenden Zimmern, und die Ungleichheit der Stockwerke war durch Stufen ausgeglichen. Für uns Kinder, eine jüngere Schwester und mich, war die untere weitläufige Hausflur der liebste Raum, welche neben der Türe ein großes hölzernes Gitterwerk hatte, wodurch man unmittelbar mit der Straße und der freien Luft in Verbindung kam.“ Den Zustand nach der Grundsanierung beschreibt er so: „Wir fanden uns nun alle wieder versammelt und fühlten uns behaglich […]. Das Haus war für eine Privatwohnung geräumig genug, durchaus hell und heiter, die Treppe frei, die Vorsäle lustig, und jene Aussicht über die Gärten aus mehreren Fenstern bequem zu genießen."

In „Dichtung und Wahrheit" beschreibt Goethe auch, dass der Vater ihn häufig zu Botengängen in die Stadt schickte und wie ihm dies tiefen Einblick gab in die unterschiedlichsten Gewerke. Ebenso erzählt er von den finsteren Eindrücken, die die nahegelegene Judengasse auf den kleinen Jungen machte, der keine Vorstellung von dieser auf ihn so fremd wirkenden Welt hatte. Er berichtet von Hinrichtungen und von einer Bücherverbrennung, der er als Beobachter beiwohnte. Er schildert, wie der neunjährige Junge die Schlacht von Bergen im Siebenjährigen Krieg wahrnahm, die Frankfurt in Preußen- und in Franzosenanhänger spaltete. „Dichtung und Wahrheit" ist ein unermesslich reiches Dokument seiner Kindheitserinnerungen und in der Tat einer der lebendigsten Texte, wenn man sich das Leben im städtischen Alltag vor nunmehr 250 Jahren vor Augen führen will. Doch so sehr Goethe die vielfältigen Eindrücke in der Stadt und das Kommen und Gehen der illustren Gäste im Vaterhaus schätzte, ist die Biografie dennoch eines nicht: eine Liebeserklärung an Frankfurt.

Das wiedererbaute Goethehaus im Großen Hirschgraben heute.

1765 verließ er die Stadt zum ersten Mal, da war er 16 Jahre alt. Er sollte Rechtswissenschaften in Leipzig studieren. Tatsächlich gehörte die Juristerei in Leipzig wohl nicht zu den Beschäftigungen, die er präferierte. Stattdessen lernte er radieren, stach Kupfer und nahm Zeichenunterricht. Eine Krise, die in einen „Blutsturz" mündete, zwang ihn zur Rückkehr an den Main. Eineinhalb Jahre verbrachte er dort als Rekonvaleszent, bis ihn der zunehmend ungeduldige Vater mehr oder minder vor die Tür setzte. In Straßburg beendete er sein Studium und wurde dann Rechtsanwalt – in Frankfurt. Nach außen hin gab er sich als gesitteter Bürger, innerlich war er ein stürmischer Revoluzzer: In seiner Freizeit schrieb er die Urfassung des „Götz von Berlichingen“. 28 Prozesse führte er in seiner Frankfurter Zeit. Befasst war er hier unter anderem auch mit dem Fall der Kindsmörderin Susanna Margaretha Brandt, die ihn zur Gretchen-Figur im „Faust“ inspirierte. Als er 1772 zu einer Art Fortbildung an das Reichskammergericht von Wetzlar ging, warf ihn das endgültig aus der bürgerlichen Umlaufbahn. Er lernte Charlotte Buff kennen, verliebte sich leidenschaftlich in die verheiratete Frau. Der ‚Werther“ entstand, der ihn berühmt machte. Dass er, wieder in Frankfurt, mit Lili Schönemann aus Offenbach anbandelte und sich gar mit ihr verlobte, war wohl mehr ein Versehen und letztes Zurückzucken vor dem endgültigen Abschied von den gesitteten Frankfurter Verhältnissen, die in Wahrheit schon längst nicht mehr die seinen waren. Es folgen Entlobung und Flucht gen Italien, auf der er allerdings nur bis Heidelberg kam. Hier holten ihn die Kutschen Carl Augusts von Weimar ein. Der band ihn als Berater an seinen Hofstaat.

Frankfurt kommt fortan bis 1814 in seinem Leben nur noch als Zwischenstation auf Reisen vor. Als er anlässlich seiner dritten

Das Frankfurter Goethe-Denkmal auf dem Goetheplatz.

Schweiz-Fahrt 1797 hier rastete, notierte er mit dem Blick des Außenstehenden auf seine alte Heimat: „Sehr merkwürdig ist mir aufgefallen, wie es eigentlich mit dem Publikum einer großen Stadt beschaffen ist. Es lebt in einem ständigen Taumel von Erwerben und Verzehren [...]. In Frankfurt ist alles tätig und lebhaft, und das vielfache Unglück scheint nur einen allgemeinen Leichtsinn bewirkt zu haben. [...] Ein jeder beklagt sich über die äußerste Teuerung und fährt doch fort, Geld auszugeben und den Luxus zu vermehren, über den er sich beschwert." Und 15 Tage später, am 18. August, notiert er ebenfalls wenig wohlgefällig und aus der Perspektive des erfahrenen Weimaraner Bauministers, der sich seine Geburtsstadt mit Blick auf die jahrhundertealten Bausünden aller Städte anschaut: „Wenn man Frankfurt durchwandert und die öffentlichen Anstalten sieht, so drängt sich einem der Gedanke auf: daß die Stadt in früheren Zeiten von Menschen müsse regiert gewesen sein, die keinen liberalen Begriff von öffentlicher Verwaltung, keine Lust an Einrichtung zu besserer Bequemlichkeit des bürgerlichen Lebens gehabt, sondern die so dürftig hinregierten und alles gehen ließen wie es konnte. Mißstände, wie das Überbauen der Häuser, die krummen Anlagen der Straßen, wo jeder nur sein Plätzchen und seine Bequemlichkeit im Auge hat, fallen in einem dunklen, gewerbevollen Zustande nicht auf, und den dunklen und traurigen Zustand der Gemüter kann man an den düstern Kirchen und an den dunklen und traurigen Klöstern jener Zeit am besten erkennen. Das Gewerb ist so ängstlich und emsig, daß es sich nicht nah genug aneinander drängen kann".

1814 reiste Goethe abermals in die Rhein-Main-Region. Dort lernte er im Haus des Bankiers Johann Jakob von Willemer dessen künftige Frau Marianne Jung kennen. Im August 1815 verbrachte er mehrere Wochen mit ihr in der Gerbermühle, auf dem Landsitz ihres Gemahls – sie wurde zu seiner Muse und Inspiration für den „West-östlichen Divan" (siehe Marianne Willemer).

Lektüre-Tipps: Ernst Beutler: *Das Goethe-Haus in Frankfurt am Main.* Frankfurt, Freies Deutsches Hochstift 1964. Herbert Heckmann, Walter Michel: *Frankfurt mit den Augen Goethes.* Verlag Umschau-Braus, Heidelberg 1998.

Bernhard Grzimek

24.4.1909, Neisse (Schlesien) – 13.3.1987, Frankfurt

Als **Bernhard Grzimek** 1987 starb, war er der bekannteste Zoologe Deutschlands – sein Lebenslauf im Nachkriegsdeutschland war ebenso beispiellos wie eigenwillig. Als gegen Kriegsende seine Berliner Wohnung von der Gestapo durchsucht wurde, floh er nach Frankfurt. Dort traf er auf Wilhelm Hollbach, einen Gönner aus früheren Zeiten, den die Amerikaner gerade zum provisorischen Bürgermeister von Frankfurt bestimmt hatten. Hollbach machte ihn sofort zum Polizeipräsidenten. Das aber wollte er nicht sein. Zoodirektor, das war sein Wunsch – eine mehr als eigensinnige, verrückte Entscheidung, war doch vom Frankfurter Zoo außer dem Bärenhaus so gut wie alles zerbombt worden. Gesellschaftshaus, Aquarium – alles war vernichtet. 90 Prozent der Tiere waren bei den Angriffen der Alliierten ums Leben gekommen, der Rest irrte verstört durch die Trümmerstadt. Und warum sich um Tiere kümmern, wo doch die ganze Stadt in Schutt und Asche lag? Grzimek fegte diese Bedenken vom Tisch. In den folgenden Jahren erwies er sich als Marketing-Genie, rührte die Werbetrommel, zog mit den Tieren durch die zerstörte Stadt – und machte den Zoo als Vergnügungspark innerhalb weniger Jahre weltberühmt. Tanzveranstaltungen, Feuerwerke, Jahrmarkt, Achterbahn: Für nichts war sich Grzimek zu schade. Grzimek liebte die Tiere – und war ein begnadeter Unternehmer.

Grzimeks Wohnhaus im Röderbergweg – heute befindet sich dort das von Bernhard und Michael Grzimek gegründete Okapia-Bildarchiv.

Wer in dieser Zeit etwas über wilde Tiere wissen wollte, studierte Tiere im Zoo. Freilandstudien wurden erst mit seinem „Serengeti"-Film populär. Im Dezember 1957 stieg er mit seinem Sohn Michael in eine Dornier 27 und flog nach Afrika. Die Briten wollten den Serengeti-Nationalpark teilen. Die Grzimeks hielten dagegen: Vom Flugzeug aus erforschten sie das Wanderleben der Zebras,

Gnus und Antilopen, machten sensationelle Bilder und einen Film, der weltweit für Furore sorgte und 1959 sogar einen Oscar gewann: „Serengeti darf nicht sterben". Die Filmaufnahmen nahmen ein tragisches Ende: Der 23-jährige Sohn, den mit dem Vater eine symbiotische Beziehung verband, stürzte ab, als er am letzten Tag noch einmal startete, um Luftaufnahmen zu machen. Bernhard Grzimek, wieder zuhause in Frankfurt, stürzte sich wie besessen in die Arbeit. Seine erste Ehe überlebte diesen Schicksalsschlag nicht. 1978 heiratete Grzimek die Witwe seines Sohnes. Seine Serie „Ein Platz für Tiere" wurde die erfolgreichste Fernseh-Dokumentationsserie aller Zeiten. Für jeden TV-Auftritt suchte er sich ein Tier aus seinem Zoo aus.

Das Leben für die Tiere war wahrlich nicht immer ein idyllisches, auch wenn das vor den Fernsehkameras manchmal so aussah: „Wenn man etwas für Tiere erreichen will, muss man sich sehr viel mit Menschen auseinandersetzen", erkannte er. Der Vorreiter der Ökologie-Bewegung liebte die Menschen nicht. Seine Auftritte waren populär und nicht selten auch populistisch. Er wollte Politik machen, wollte etwas erreichen. Willy Brandt ernannte ihn zum Beauftragen für Naturschutz – so etwas hatte es vorher nicht gegeben. Für seine Überzeugung kämpfte er mit aller Kraft. Mit Konrad Lorenz und Horst Stern gründete Grzimek den BUND. Im März 1987 starb er unerwartet in einer Zirkusloge. In Frankfurter lebte er im Röderbergweg 168, nahe am Zoo. Begraben ist er in Tansania, am Fuße des Ngorongoro-Kraters. Grzimek hat unser modernes Naturverständnis geprägt wie wenige andere. Der Frankfurter Zoo (ein Haus ist nach ihm benannt) setzte ihm ein Denkmal. Ein anderes gibt es nicht in Frankfurt.

Lektüre-Tipp: Malte Henk: *Bernhard Grzimek – Der Mann, der die Tiere liebte*. In: Geo, April 2008, S. 134–160

Otto Hahn

8.3.1879, Frankfurt – 28.7.1968, Göttingen

Zur Zeit seiner Frankfurter Jugend konnte wohl kaum jemand ahnen, was später einmal sein Lebenswerk werden sollte. Bis zu seinem Abitur an der Klinger-Oberrealschule lebte **Otto Hahn** in Frankfurt. Die drei Einsen in seinem Zeugnis erhielt der Entdecker der Kernspaltung, wie er einmal verriet, jedoch „nicht etwa in Chemie, Mathematik und Physik, sondern in Turnen, Singen und Religion." Seinem Physiklehrer sei es „trotz aller Anstrengungen" nicht gelungen, „uns für Physik zu interessieren. Der Unterricht in Chemie war zum Schlafen langweilig, und doch interessierte ich mich zunehmend für dieses Fach." Grund dafür waren Schülervorlesungen, die der Frankfurter Physikalische Verein veranstaltete. Die mitreißende Vortragsweise des Chemikers Martin Freund sollte seinen Lebensweg bestimmen.

Otto war der jüngste von vier Söhnen Heinrich Hahns, einem Glasermeister aus dem pfälzischen Gundersheim, der es in Frankfurt zu Ansehen und Wohlstand brachte. Otto sollte Architektur studieren, wofür ihm aber seiner Meinung nach die zeichnerische Begabung fehlte. So konnte er sich mit seinem Wunsch, Industrie-Chemiker werden zu wollen, durchsetzen – zumal er schon im Alter von 15 Jahren im Keller des Wohnhauses in der Töngesgasse 18 in der mütterlichen Waschküche an „kleinen, [...] keineswegs tiefgründigen Experimenten, bei denen es ein bisschen knallen und stinken musste", seine Freude hatte. Das Geburtshaus in der Bockgasse 17 wurde bei Bombenangriffen 1944 zerstört. Dort, in der heutigen Ziegelgasse vor der Kleinmarkthalle, erinnert ein Denkmal an den Forscher.

Nach London zu dem Radiumforscher William Ramsay zog es ihn nach seinem Studium in Marburg und München nur, weil die Firma Kalle & Co. in Biebrich am Rhein, bei der er sich beworben hatte, englische Sprachkenntnisse verlangte. Seine Familie finanzierte den sechsmonatigen Aufenthalt. Erst Ramsay gelang es, Otto Hahn von seinen Berufsplänen abzubringen. Von London ging Hahn 1906

nach Montreal zu Ernest Rutherford, der zwei Jahre später den Nobelpreis erhielt. Hier entdeckte Hahn das Actinium und Thorium C. Von Rutherford ist der Satz „Hahn has a special nose for discovering new elements“ (Hahn hat eine Nase dafür, neue Elemente zu entdecken) überliefert.
Zurück in Deutschland, wurde er in Berlin habilitiert und lernte Lise Meitner kennen, die bis 1938 seine engste Mitarbeiterin war. Früh machten sich die beiden international einen Namen. „Wir waren jung, vergnügt und sorglos – vielleicht politisch zu sorglos“, beschrieb Lise Meitner diese Zeit im Rückblick. Die Entdeckung der Urankern-Spaltung war gewissermaßen der Gipfelpunkt ihrer gemeinsamen Forscherarbeit. Von ihr konnte er Lise Meitner im Dezember 1938 aber nur noch brieflich berichten. Seine kongeniale Mitforscherin hatte, weil sie keine Arierin war, aus Deutschland fliehen müssen. Mit der Spaltung von Radium in Barium und Krypton hatte das Atomzeitalter begonnen. 1944 erhielt Hahn für seine Entdeckungen den Nobelpreis für Chemie.
Nach dem Weltkrieg wurde er mit anderen Kernforschern in England interniert. Dort erfuhr er entsetzt vom Atombombenabwurf über Hiroshima und Nagasaki. Robert Oppenheimer und Edward Teller hatten in Los Alamos die Bombe entwickelt. Später baute er von Göttingen aus die Max-Planck-Gesellschaft auf und etablierte das Institut, dessen Präsident er war, in ganz Deutschland. Sein Ansehen nutzte er, um als Mahner gegen den militärischen Einsatz der Atomenergie aufzutreten. So gehörte er 1957 zu den 17 wissenschaftlichen Unterzeichnern der „Göttinger Erklärung“, die sich gegen eine atomare Bewaffnung der Bundeswehr aussprachen. Damit handelten er und seine Kollegen sich erheblichen Ärger mit Konrad Adenauer und Franz Josef Strauß ein. 1959 wurde er in Frankfurt zum Ehrenbürger ernannt. 1968 starb er in Göttingen.

Lektüre-Tipp: Otto Hahn: *Mein Leben*. Piper Verlag, München 1986.

Büste in der Ziegelgasse vor der Kleinmarkthalle, die an Otto Hahns Geburtsort erinnert.

16.11.1895, Hanau – 28.12.1963, Frankfurt

Es war ein Spektakel, wie man es nicht alle Tage zu sehen bekommt, als **Paul Hindemith** seine Künstlerwohnung im Kuhhirtenturm bezog. Denn um den Flügel des in jungen Jahren schon berühmt gewordenen Musikers in die enge Behausung zu hieven, die in spätgotischer Zeit als Wachturm gedient hatte, wusste man sich nicht anders zu helfen, als Teile des Dachs abzutragen. Ein Kran hievte das Instrument an seinen Bestimmungsort – und halb Sachsenhausen soll zugeschaut haben. Zur Verfügung gestellt wurde Hindemith die Wohnung von der Stadt, wohl auch, damit der Konzertmeister am Frankfurter Opernhaus, der er seit 1915 war, ungestört üben konnte (zuvor hatte er nahe dem Opernhaus gewohnt). Renovieren musste Hindemith den Turm allerdings selber. Das bezahlte er mit

jenem Honorar, das er für sein Konzert für Klavier linke Hand und Orchester op. 29 erhielt, das der Pianist Paul Wittgenstein bei ihm bestellt hatte. Jedes der Stockwerke des Kuhhirtenturms besteht aus einem Zimmer. Hindemith strich sie selbst, und zwar grell: Seine Lieblingsfarben waren Blau und Gelb. Hier lebte er zunächst mit Mutter und Schwester, wenig später auch mit seiner Frau Gertrud Rottenberg. Um 1490 war der Turm (Große Rittergasse 118) ein Teil der zum Main hin gerichteten Sachsenhäuser Stadtbefestigung gewesen. Durch den Torbogen der nebenliegenden Paradiesgasse gingen die Fischer täglich zum Main.

Blickt man auf Hindemiths Kindheit und Jugend, weiß man nicht, ob man ihn für seinen musikalischen Erfolg beglückwünschen oder bemitleiden soll. Denn die Erziehung, die sein Vater ihm und seinen Geschwistern angedeihen ließ, war das klassische Resultat einer fatalen Projektion des Vaterwunsches auf die Kinder. Robert Rudolf Emil Hindemith nämlich war Maler und Anstreicher gewesen – sein Vater, ein Kaufmann, hatte es ihm verwehrt, Musiker zu werden. Seine Kinder trimmte er von früher Kindheit an auf Künstlertum und „asketische Strenge" – mit „peinlicher Aufsicht", „haarscharfer Kontrolle" und „colossal strengem Drill", wie er selber stolz vermerkte. 1905 war die Familie von Hanau, wo Paul Hindemith 1895 geboren worden war, nach Frankfurt in die Frankenallee gezogen. Von 1907 an unterrichtete ihn Paul Rebner, Lehrer am Hoch'schen Konservatorium, im Geigenspiel. 1915 starb der Vater in Flandern. Im September wurde Paul Hindemith Konzertmeister des Frankfurter Opernorchesters.

Neben Frankfurts gediegenem Bürgertum hatten sich damals auch die Vertreter des Vorkriegsexpressionismus formiert. Hindemiths Kompositionen aus dieser Zeit vertonen Texte unter anderem von Else Lasker-Schüler, Georg Trakl, Oskar Kokoschka und Franz Blei. Es entstanden zahlreiche spektakuläre Aufführungen. Seit 1917 spielte Hindemith Bratsche in dem hochgelobten Amar-Quartett. 1926 wurde seine Oper „Cardillac" aufgeführt.

1927 bemühte sich die Berliner Universität erfolgreich um ihn. Der Lauf der Zeit wollte es, dass er, der Gespräche angeblich oft mit einem hessischen „Horch emol" einleitete, nie nach Frankfurt zurückzog. Die Nationalsozialisten stuften sein Werk als „kulturbolschewistisch" und ihn als „Geräuschemacher" (Goebbels) ein. Die Aufführung seiner Oper „Mathis der Maler" wurde 1935 verboten. Hindemith emigrierte in die USA und ging von dort aus 1951 nach Zürich. 1955 ehrte ihn Frankfurt mit der Goethe-Plakette. Am 28. Dezember starb er, nachdem er, trotz zahlreicher Krankheiten permanent auf Reisen, zuvor im Frankfurter Marienkrankenhaus eingeliefert worden war, an den Folgen einer Bauchspeicheldrüsenentzündung.

Lektüre-Tipp: Giselher Schubert: *Hindemith. Mit Selbstzeugnissen und Bilddokumenten.* Rowohlt Verlag, Reinbek 1981.

1923 zog Hindemith in den Kuhhirtenturm, ein Restposten der alten Stadtbefestigung, den er auf eigene Kosten renovierte.

Heinrich Hoffmann

13.6.1809, Frankfurt – 20.9.1894, Frankfurt

„Verbrannt ist alles ganz und gar, / Das arme Kind mit Haut und Haar; / Ein Häuflein Asche bleibt allein / Und beide Schuh', so hübsch und fein." So erzählt es **Heinrich Hoffmann** in der „gar traurigen Geschichte mit dem Feuerzeug" von der kleinen Pauline, die zündelt, bis sie selbst verbrennt. Man mag dies seinen Kindern heute nicht mehr vorlesen. Ebenso wenig die Geschichte vom Daumenlutscher, dem der Schneider, kaum ist die Mutter aus dem Haus, beide Daumen mit seiner großen Schere abschnippelt. Und auch den Suppen-Kaspar und den fliegenden Robert möchte man zarten Gemütern gerne ersparen. Heinrich Hoffmann aber, der eben diese Geschichten und manche mehr in seinem „Struwwelpeter" erfand, war ein sehr empfindsamer Mensch – und hatte keinerlei Bedenken, seinen gerade drei Jahre alten Sohn Carl mit derlei Grausamkeiten zu konfrontieren. Der Frankfurter Arzt wollte ihm, so hat er es selbst geschildert, „zum Festgeschenke ein Bilderbuch" kaufen, und zwar eines, das „der Fassenskraft des kleinen menschlichen Lebens in solchem Alter entsprechend schien. Aber was fand ich? Lange Erzählungen und alberne Bildersammlungen, moralische Geschichten, die mit ermahnenden Vorschriften begannen … Als ich heimkam, hatte ich aber doch ein Buch mitgebracht, ich überreichte es meiner Frau, mit den Worten: ‚Hier ist das gewünschte Buch für den Jungen!' Sie nahm es und rief verwundert: ‚Das ist ja ein Schreibheft mit leeren weißen Blättern!' ‚Nun ja, dann wollen wir ein Buch daraus

machen!'" Reimerich Kinderlieb wählte Hoffmann, der das Buch nur auf Drängen von Freunden veröffentlichen ließ, als Pseudonym. Erst nach der fünften Auflage zeichnete er mit dem eigenen Namen.

Bis heute gibt der immense Erfolg des Buches, das in zahlreiche Sprachen übersetzt weltweit 15 Millionen Mal verkauft wurde, Rätsel auf. Zu vermuten ist, dass die Drastik der einprägsamen Verse erfrischender wirkt als gängige Moralisierereien und dass die auf kürzestem Weg ins Extrem getriebenen, überspitzten Handlungen es dem Betrachter dennoch ermöglichen, sich vom Horror des Geschehens mit einem Lachen zu distanzieren.

Auch dem Lachen war Hoffmann nämlich nicht abgeneigt. Er war ein zutiefst kommunikativer Mensch, und eine Art Hobby von ihm war es, gesellige Vereine zu gründen. Einer von ihnen hieß „Tutti Frutti": eine Vereinigung von Künstlern, Schriftstellern und Gelehrten, die sich alle den Namen einer Frucht zulegten. Hoffmann übernahm den Part der „Zwiebel".

Ein Haus, zwei bekannte Bewohner – und beide den Kindern zugewandt.

Hoffmann, 1809 in Frankfurt geboren, Schüler der Weißfrauenschule und des Gymnasiums im Barfüßerkloster, wurde nach einem Studium in Heidelberg und Halle Arzt. Und war auch in dieser Eigenschaft äußerst umtriebig. Als Mitglied einer Armenklinik betreute er Bornheim. Er war ein energischer Fürsprecher der Pressefreiheit und hielt Kontakt mit dem badischen Revolutionär Friedrich Karl Hecker. 1851 wurde er Arzt in Frankfurts „Anstalt für Irre und Epileptische" (auf dem Gelände des heutigen Campus Westend), in der später auch Alois Alzheimer die nach ihm benannte Krankheit entdecken sollte. Auch dort engagierte er sich weit über das geforderte Maß hinaus. Dass es

Das Eckhaus Grüneburgweg 95.

nicht nur auf Unterbringung und Ruhigstellung der Kranken ankomme, sondern auf Verbesserung ihres Lebens, war sein Credo. Vehement setzte er sich ein für eine neue Pflegeanstalt, gegen die man im Prinzip nichts hatte – Geld freilich, hieß es vom Magistrat, habe man dafür keines übrig. Hoffmann wandte sich an die Öffentlichkeit, begann zu sammeln, veröffentlichte Fachpublikationen – und schließlich wurde die neue „Irrenanstalt" auf dem Affensteiner Feld gebaut, wo heute das I.G. Farben-Hochhaus steht. Hundert Kranke zogen dort 1864 ein. Hoffmann arbeitete hier bis zu seiner Pensionierung. Als Parole für seinen Lebensabend, berichtet die „Frankfurter Biographie", wählte er das Motto „Bergab, aber bequem!"
Neben seinem letzten Wohnort am Grüneburgweg 95, dem Haus, in dem auch Engelbert Humperdinck wohnte, gibt es Gedenktafeln auch in der Fressgass, wo er geboren wurde, sowie in der Hochstraße 45 (1851–1859). Seit 1985 steht an der Hauptwache der Struwwelpeter-Brunnen von Franziska Lenz-Gerhart mit Bronzefiguren aus dem Kinderbuch. Das Original-Manuskript vom „Struwwelpeter" liegt heute im Germanischen Nationalmuseum Nürnberg. In Frankfurt erinnert an Hoffmann das Struwwelpeter Museum in der Schubertstraße 20. Dort werden sein berufliches Lebenswerk, sein politisches Engagement als liberaler Bürger in der Revolutionszeit und natürlich die Wirkungsgeschichte seines berühmten Kinderbuches dokumentiert.

Lektüre-Tipps: Heinrich Hoffmann: *Lebenserinnerungen.* Insel Verlag, Frankfurt 1994.
Heinrich Hoffmann: *Struwwelpeter.* Moewig Verlag, Hamburg 1999.

14.2.1895, Zuffenhausen – 7.7.1973, Nürnberg

Es ist nicht immer einfach, privilegiert zu sein. **Max Horkheimer** war das Kind eines Textilfabrikanten, der es in Zuffenhausen zum „mehrfachen Goldmillionär" gebracht hatte. 1895 geboren, war er mit zwanzig Jahren Juniorchef im väterlichen Betrieb. Dass es das nicht war, was er vom Leben wollte, wurde ihm bei der Lektüre von Schopenhauers „Aphorismen zur Lebensweisheit" klar. Von da an verlief Horkheimers Weg – gemessen an den gutbürgerlichen Verhältnissen, aus denen er stammte – einigermaßen rebellisch. Spät holte er in München das Abitur nach, studierte dann Philosophie und Soziologie, und zwar in München, Freiburg und Frankfurt. Dort wurde er 1922 promoviert und habilitierte 1925 mit einer Arbeit über Kant. 1926 heiratete er die acht Jahre ältere Rose Christine Riekher, die ehemals als Sekretärin in den väterlichen Betrieben gearbeitet hatte. Es war eine Verbindung, die seine Eltern streng missbilligten. Darüber kam es endgültig zum Zerwürfnis. Seiner wohlhabenden Herkunft entsprechend hatte er sich 1922 eine holzverkleidete Villa in Kronberg (im Minnholzweg) gekauft, in der er gemeinsam mit seinem Freund Friedrich Pollock lebte. In diese Zeit fällt auch seine Freundschaft mit Theodor W. Adorno. 1930 wurde Horkheimer Professor und erster Direktor des neugegründeten Instituts für Sozialforschung. In Kronberg lebte er bis 1932. Nach der Machtübernahme besetzte die SA sein Haus, Horkheimer zog für einen Monat in ein Hotel in der Nähe des Frankfurter Hauptbahnhofs und flüchtete dann nach Genf, später nach Paris, New York und Kalifornien. Die Stadt Frankfurt und die Universität baten Horkheimer schon 1946 darum,

Hier lebte Max Horkheimer nach seiner Rückkehr aus dem Exil.

zurückzukehren. Er kam schließlich 1949, überzeugt vom herzlichen Empfang Frankfurts und dem Drängen der Universität, und wurde wiedereingesetzt als Ordinarius für Philosophie. Seine wohl bekannteste Schrift, „Die Dialektik der Aufklärung", die er gemeinsam mit Adorno verfasst hatte, war da gerade zwei Jahre alt. Das neue Institutsgebäude wurde von den Studenten bald „Café Max" genannt. Horkheimer gilt als Hauptvertreter der Kritischen Theorie. Auf den verschiedenen Wissenschaftsfeldern, die das Institut für Sozialforschung umfasste, versuchte sie, den Widersprüchlichkeiten des kapitalistischen Systems einen Spiegel vorzuhalten. Schopenhauer, der ihn philosophisch schon in der Frühzeit inspiriert und seinen Weg bestimmt hatte, sollte auch Horkheimers Spätwerk beeinflussen – seine philosophisch-gesellschaftlichen Analysen sind von einem Pessimismus getragen, der Hoffnung auf Besserung im Rahmen der bestehenden Ordnung eigentlich ausschließt. Dass Horkheimer ausgerechnet in der Stadt des Frankfurter Bürgers Schopenhauer den Gedanken entwickelt, dass dem Individuum in der Moderne der Boden entzogen wird, dass es mehr und mehr verschwindet in der Masse der verwalteten Welt und nur noch als Atom in einer auf Sachlichkeit und Funktionieren getrimmten Umwelt existiert, ist eine auffällige Koinzidenz. Doch hieße es wohl den Einfluss Frankfurts auf die Erkenntniswege Horkheimers überstrapazieren, wollte man aus diesem Umstand seine Weltskepsis biografisch herleiten. Von 1950 bis 1963 lebte Max Horkheimer in der Westendstraße 79. Dort erinnert heute eine Gedenktafel an ihn. 1951–1953 war er Rektor der Frankfurter Universität. 1960 wurde Horkheimer Ehrenbürger von Frankfurt. Dann wurde er emeritiert und zog sich nach Montagnola im Tessin zurück. 1973 starb Horkheimer in einer Klinik in Nürnberg. Er war ein Kommunist in bürgerlichem Gewand und ein von revolutionären Gedanken beseelter fatalistischer Pessimist.

Lektüre-Tipps: Helmut Gumnior, Rudolf Ringguth: *Horkheimer. Mit Selbstzeugnissen und Bilddokumenten.* Rowohlt Verlag, Reinbek 1971.

Rolf Wiggershaus: *Die Frankfurter Schule.* DTV Wissenschaft, München 1988, insb. S. 55–67.

Engelbert Humperdinck

1.9.1894, Siegburg – 27.9.1921, Neustrelitz

Wer kennt es nicht, Grimms grausames Märchen von Hänsel und Gretel? Ein erschöpfter, verzweifelter Vater, der nicht mehr weiß, wie er seine Familie ernähren soll. Eine hartherzige Mutter, die kaltblütig beschließt, die Kinder zu opfern. Sie, ihre Unschuld ausnutzend, mit böser Tücke ins Verderben führt. Wo sie abermals, von den süßen Versprechungen einer grausamen Hexe angelockt, übertölpelt werden und erst nach elend langem Martyrium die Freiheit wiedererlangen. Wie anders ist da **Engelbert Humperdincks** dreiaktige Oper, die er in Frankfurt komponierte: Die Mutter ist bloß wütend, aber keine vorsätzliche Kindsmörderin. Die Eltern suchen nach den Kindern schon im ersten Akt. Es gibt ein Sandmännchen am Abend, ein Taumännchen am Morgen – und 14 behütende Engel, die über die Kleinen wachen. Humperdincks Märchen ist eine fast niedliche, sanftmütige Geschichte für zivilisierte Gemüter. Und Humperdincks volksmusikhafte Melodien, die unüberhörbar in schwärmerisch-schwelgerischer Wagner-Tradition stehen, tun ein Übriges, den Schrecken nicht übermächtig werden zu lassen.

Humperdinck wurde 1854 in Siegburg geboren, von zartem Gemüt und anfälliger Gesundheit schon von Kindesbeinen an. Schon während seines Musikstudiums in Köln und München wurde der Hochbegabte mit dem Frankfurter Mozartpreis ausgezeichnet. Später arbeitete er vier Jahre als Assistent von Richard Wagner in Bayreuth.

Die Märchenoper „Hänsel und Gretel“, sein berühmtestes Werk, entstand in Frankfurt. Von 1890 bis 1897 lehrte er in Frankfurt am Hoch'schen Konservatorium – trotz der Antipodenstellung, die der Wagner-Abkömmling zur dort ebenfalls lehrenden Clara Schumann hatte. Leopold Sonnemann, Gründer der Frankfurter Zeitung, trug nicht unwesentlich dazu bei, Humperdinck an die Stadt zu binden: Er übertrug ihm das Opernreferat in der Zeitung. Humperdinck wohnte in Frankfurt in der Friedberger

Anlage 1, heute Scheffelstraße 1. Die Oper, die ihn berühmt machen sollte, komponierte er auf eine Bitte seiner Schwester Adelheid Wette hin, die ihn zunächst nur um ein paar Melodien für eine häusliche Aufführung gebeten hatte. Uraufgeführt wurde das Werk im Dezember 1893 in Weimar. Dass ihm erst die Frankfurter Aufführung, die Ludwig Rottenburg 1894 mit Hedwig Schwacko als Gretel inszenierte, den Durchbruch brachte, wie Frankfurter Biografen es gerne wissen wollen, muss man mit Vorsicht nehmen: Immerhin gab es in diesem und im folgenden Jahr ganze 50 (!) Opernpremieren in Europa. Wie dem auch sei: Dem Komponisten brachte das Stück neben Ruhm genügend Geld ein, um in das Haus Nummer 95 im vornehmeren Grüneburgweg zu ziehen, dorthin, wo auch Struwwelpeter-Erfinder Heinrich Hoffmann gelebt hatte. 1897 zog Humperdinck von Frankfurt weg. Ihm war eine Stelle in Berlin angeboten worden. Sein wichtigstes Stück hatte der Komponist da schon geschrieben. Mit Blick auf Humperdincks spätere Werke spricht Frankfurts langjähriger Kulturdezernent Hilmar Hoffmann, der sonst eher zu diplomatischen Tönen neigt, von „konditorhaften Klangkulissen“, die „der Gnade des Vergessens anheimgefallen“ seien. Sein Gesamtwerk umfasst 170 Kompositionen, darunter die komische Oper „König wider Willen“ und zahlreiche Schauspielmusiken, die er für Max Reinhardts Inszenierungen im Deutschen Theater in Berlin schuf. Im September 1921 starb Humperdinck an einem Schlaganfall.

In der Scheffelstraße 1 komponierte Engelbert Humperdinck seine Oper „Hänsel und Gretel“.

Lektüre-Tipps: Hans-Josef Irmen: *Die Odyssee des Engelbert Humperdinck.* Salvator-Verlag, Kall 1975.

Lektüre-Tipp: Hilmar Hoffmann: *Die großen Frankfurter. Ehrwürdige Bürger und Ehrenbürger von Karl dem Großen bis Friedrich von Metzler.* Societäts-Verlag, Frankfurt 2004

31.1.1901, Karlsruhe – 10.10.1974, Rom

Nach Frankfurt kam **Marie Luise Kaschnitz** in Begleitung ihres Mannes Guido Kaschnitz-Weinberg. 1925 hatten die beiden geheiratet. Der Archäologe wechselte seine Wohnorte den universitären Lehraufträgen folgend, die er bekam. Die Schriftstellerin, 1901 in Karlsruhe geboren und in Weimar, München und Rom aufgewachsen, hatte ihn nach Frankreich, Italien und Griechenland begleitet, bevor er 1941 an die Frankfurter Universität gerufen wurde. Hier lebte sie bis 1945, anschließend abwechselnd hier und in Rom. Die Zerstörung Frankfurts und die Angst im Krieg spiegeln sich in ihrer Lyrik. Einmal irrte Marie Luise Kaschnitz nach einem Bombenangriff zehn Stunden durch Frankfurt, um ihre Tochter Iris Costanza zu suchen, die 1930 zur Welt gekommen war. Kaschnitz wollte nicht einfach vergessen, sondern dem Schrecken eine Stimme geben: Nach dem Krieg entstand der Gedichtband

Bescheiden im schönen Westend: die Wiesenau 8, wo Marie Luise Kaschnitz wohnte.

„Rückkehr nach Frankfurt", ein Requiem, das der Historie der zerstörten Stadt nachspürt. Die Trümmerlandschaft der Stadt entspricht der Trümmerlandschaft ihrer Seele. „Aber es kommt noch etwas ganz anderes hinzu", erläutert sie in einem Werkstattgespräch mit Horst Bienek: „Frankfurt ist da (in ‚Rückkehr nach Frankfurt') gewissermaßen ein Urwald, eine Urlandschaft, in der erst alles neu beginnen muss und auch neu beginnt."
Über das Goethehaus heißt es in dem Zyklus „Rückkehr nach Frankfurt":

„Und das Haus war ein Loch, ein Kellerschacht,
Ein Haufen Dreck zum Hohn,
Und Schilder waren dort angebracht;
Darauf stand: Besitz der Nation.
Ich las die Zeichen traumgenau
Über dem wehenden Gras,
Gestalten bückten sich ins Grau
Und sammelten irgend etwas.
Und plötzlich stand am Straßenrand
Er selber in Fleisch und Blut;
Er trug nicht den blauen Rock mit dem Band
Und nicht den Campagnahut.
Er trug nicht einmal sein eignes Gesicht,
Ich wusste nur: er war da.
Und ich erschrak wie vorm Jüngsten Gericht,
Weil er sein Haus ansah."

In diesem ungeschönten und elementaren Sinn ist Frankfurt für Marie Luise Kaschnitz Heimat und wird es immer mehr: „Ich sehe auch unter der ausgefressenen

Einfach nur Kaschnitz nannte sich die Schriftstellerin selber, als von Kaschnitz wird hier ihrer erinnert, geboren wurde sie als Freifrau von Kaschnitz-Weinberg.

Unternehmermaske immer noch das Trümmergesicht. Ich glaube, man liebt die Städte, in denen man die schlimmen Zeiten erlebt hat, die ja in mancher Beziehung auch die guten waren." 1955 wurde die Schriftstellerin in Darmstadt mit dem Georg-Büchner-Preis ausgezeichnet, 1960 hielt sie Poetik-Vorlesungen an der Universität, 1968 wurde ihr die Ehrendoktorwürde verliehen. Von 1958 an, nach dem Tod ihres Mannes, verstummte sie für Jahre. Frankfurt wurde wieder ihr Lebensmittelpunkt. Kaschnitz lebte im schönen Westend, in der Wiesenau 8, hatte einen zweiten Wohnsitz in Rom und einen weiteren Anlaufpunkt auf dem Familiengut Bollschweil im Breisgau, das ihr Bruder verwaltete. Äußerlich führte sie ein wohlgeordnetes Leben. „Ich liebe die Stadt Frankfurt, ich liebe den Main, den alten Palmengarten und die neue Zeil", hat sie in den sechziger Jahren erklärt. Doch in ihrem Innern war sie in einem fast schon selbstzerstörerischen Sinne zerrissen, zweifelte, ob ihre Gegnerschaft gegen den Krieg ausreichend gewesen sei: „Frankfurt im Krieg und worin soll sie denn bestanden haben, unsere sogenannte innere Emigration? Darin, dass wir ausländische Sender abhörten, zusammensaßen und auf die Regierung schalten, ab und zu einem Juden auf der Straße die Hand gaben, auch dann, wenn es jemand sah?" Sie wandte sich den Menschen zu, versuchte spät, sich zu engagieren, besuchte die Strafanstalt Preungesheim, um dort zu lesen. „Ekelhaft“ finden das zwei junge Mädchen. Für Kaschnitz sogleich Anlass zur Selbstkritik. „Wer, wie ich, nur einmal kommt und geht, weiß überhaupt nichts, weniger als nichts“, notiert sie. Heute erinnert eine Gedenktafel an ihrem Wohnhaus an die Dichterin. Während eines Besuch bei ihrer Tochter in Rom starb sie 1974.

Lektüre-Tipp: Dagmar von Gersdorff: *Marie Luise Kaschnitz. Biographie.* Insel Verlag, Frankfurt 1992.

Der Hauseingang, der zur Wohnung von Marie Luise Kaschnitz führte.

5.9.1928, Frankfurt – 25.7.2005, Frankfurt

Für die Posaune entschied er sich erst mit zwanzig Jahren. Zuvor schwankte Albert Mangelsdorff, der als Rhythmusgitarrist in der Otto-Laufner-Bigband begann und in den fünfziger Jahren Frankfurts Ruf als Jazzstadt begründet hat, zwischen dem Blasinstrument, Gitarre und Geige. „Von 1947 an", schrieb der Jazz-Experte Wolfgang Sandner in einem Nachruf, „setzte **Albert Mangelsdorff** Ton auf Ton wie die Berliner Trümmerfrauen nach dem Zweiten Weltkrieg Stein auf Stein. Und siehe da, Ende der fünfziger Jahre ragte der Wolkenkratzer seines nahezu von der ganzen Musikwelt bestaunten Wirtschaftswunder-Jazz in den Frankfurter Nachthimmel." Sein zweites Zuhause seit dieser Zeit war der Frankfurter Jazzkeller in der Kleinen Bockenheimer Straße 18 a, „Wohnstube und Studierzimmer, Büro und Basislager, Stammkneipe und, fast möchte man sagen: auch Schlafzimmer" (noch einmal Wolfgang Sandner). Hierhin fuhr er von seinem ersten Zuhause, der Emil-Claar-Straße 23, einer ruhigen Straße mit schönen alten Häusern im Westend, in der Regel mit dem Fahrrad. Auch den nahe seiner Wohnung liegenden botanischen Garten der Goethe-Universität liebte er. Häufig besuchte er ihn – „um in der Natur zu sein, Atem zu holen und Ruhe zu haben."

Angebote, nach New York zu kommen, wie es viele seiner Kollegen taten, gab es – schließlich hatte er, der in seinem

Leben mehr als hundert Schallplatten aufnahm, auch in Übersee unzählige Bewunderer. Aber aus Frankfurt wollte er nicht weg. (1990 erschien ein Essay von ihm. Er trug den Titel: „Frankfurt. Jazzmusik und Grüne Soss".) Hier hatten die amerikanischen Besatzungstruppen ihr Hauptquartier aufgeschlagen und ihm damit den Zugang zu jener Musik ermöglicht, die er in den Jahren der Nazi-Diktatur nur illegal hatte ausüben und hören können. Aufgewachsen war er in der progressiven Ernst-May-Siedlung im Frankfurter Nordwesten, sein älterer Bruder Emil, der ein bekannter Saxophonist wurde, brachte ihn zum Jazz. Schon als Sechzehnjähriger hatte er sich das, was die Nazis „verdammte Negermusik" nannten, zu eigen gemacht. Auf einmal hatte Mangelsdorff alle Möglichkeiten, zu verwirklichen, wovon er träumte. Frankfurt wurde, nicht zuletzt dank des Kreises um Mangelsdorff, zum deutschen Zentrum des Avantgarde-Jazz. Seine Herangehensweise an die Musik war intellektuell, verkopft – und dennoch leidenschaftlich.

Die Emil-Claar-Straße 23 – hier wohnte Albert Mangelsdorff.

Mangelsdorff war ein Genie – aber auch ein unermüdlicher Arbeiter. Einen „ausdauernden Fanatiker“ hat ihn sein Freund und Musikerkollege Werner Burkhardt genannt. Nur weil er täglich stundenlang übte, konnte er jene Spitzenleistungen mit seinem Instrument erbringen, die ihn so einzigartig machten. Der Komponist galt als Erfinder und zugleich als Meister der „Multiphonics“: Ihm gelang es, mit der Posaune Akkorde zu spielen, indem er einen Ton spielte und einen anderen in sein Instrument sang. Virtuos band er die sich dabei entwickelnden Obertöne in sein Klangspiel ein. Er war ein Klangtüftler, doch nie introvertiert. Dass der Star niemals Barrieren um sich baute, dass er für jeden ansprechbar war, bezeugen alle, die ihn kannten. Er konnte zuhören. Selber war er eher still – und ein Liebhaber der Vögel, die er, wenn es die Zeit zuließ, entzückt und versunken beobachten konnte. „Bei

Im Jazzkeller in der Kleinen Bockenheimer Straße 18 a war Mangelsdorffs zweites Zuhause.

Amseln kann man Melodien hören, die durchaus in unser Tonsystem passen", hatte er einmal festgestellt. Als Junge hatte Albert Mangelsdorff erlebt, wie ein Vogel seinen Erkennungspfiff nachahmte. So war auch sein Hobby, die Ornithologie, unwiderruflich mit dem Basteln und Erkennen von Tonfolgen verbunden. Zahlreiche Jazz-Ensembles bereicherte Albert Mangelsdorff mit seiner Mitarbeit, darunter das nach ihm benannte Quintett mit den Saxophonisten Günter Kronberg und Heinz Sauer, dem Bassisten Günter Lenz und dem Drummer Ralf Hübner, das ebenso zur Weltspitze zählte wie Wolfgang Dauners United Jazz & Rock Ensemble, dem er ebenfalls für 27 Jahre angehörte. Wiederholt wurde Mangelsdorff zum europäischen Jazzmusiker des Jahres gewählt, 1993 wurde er Honorarprofessor für Jazz an der Hochschule für Musik und Darstellende Kunst in Frankfurt. Sechs Jahre lang leitete er von 1995 an das Jazzfest Berlin, doch Frankfurt blieb er treu.

Unscheinbar und ohne große Reklame: Der Jazzkeller muss nicht auf sich aufmerksam machen. Wer hierherkommt, weiß, was er sucht.

Lektüre-Tipp: Bruno Paulot: *Albert Mangelsdorff – Gespräche*. Oreos Verlag, Waakirchen 1993.

Ernst May

27.7.1886, Frankfurt – 11.9.1970, Hamburg

Man kann, was der Architekt und Stadtplaner **Ernst May** in Frankfurt schuf, nicht schön nennen: 12.000 bis 15.000 Wohnungen (die Angaben differieren) entstanden in den von ihm geschaffenen Siedlungskomplexen, in der Bruchfeldstraße Niederrad (Volksmund: Zickzackhausen), der Römerstadt, am Bornheimer Hang, in Praunheim (Siedlung Praunheim und Siedlung Westhausen) und Ginnheim. Interessant aber, ja, mehr noch: beachtlich und beeindruckend sind diese vom Stil her der klassischen Moderne zuzuordnenden Wohnkomplexe allemal. Um das zu begreifen, muss man sich vergegenwärtigen, in welcher Zeit sie entstanden. Als May, von Ludwig Landmann gerufen, 1925 als „Siedlungsdezernent" antrat, litt Frankfurt unter extremer Wohnungsnot. 467.000 Einwohner zählte die Stadt – das waren 50.000 mehr als noch 1910 und sogar 190.000 mehr als ein Vierteljahrhundert zuvor. Die Stadt hatte ein gewaltiges Wohnungsproblem. Es galt, erschwingliche Wohnungen zu schaffen – und zwar so viele wie möglich. Dass May dabei die Wohnqualität nicht aus den Augen verlor, ist sein großes Verdienst. „Die Zeichen unserer Zeit sind Hast und Lärm, tausendfach sich überstürzende Eindrücke, Fabrikschlote und Stadtenge - wir brauchen Luft und Sonne: das ist die neue Gartenstadt, das neue Haus, der Garten und die Natur. – Wir brauchen Ruhe: das ist die neue Wohnung." So war es von ihm 1926 programmatisch in der Zeitschrift „Das Neue Frankfurt" zu lesen. Und 1928 formulierte er als seinen Antrieb: „Die Architekten des Neuen Bauens eint über alle Grenzen der Länder hinaus ein warm empfundenes Herz für alle Menschen in Not, sie sind ohne soziales Empfinden undenkbar, ja man kann geradezu sagen, dass diese Schar die sozialen Momente bewusst in den Vordergrund des Neuen Bauens stellt."

Ernst May (rechts). Visionär mit unermüdlicher Schaffenskraft.

Das klingt fast zu schön, um wahr zu sein, aber viele tausend Frankfurter verdankten ihm tatsächlich ihr Woh-

Das Wohnhaus von Ernst May.

nungs-Glück. „Plan-Athlet" wurde er deswegen schon genannt: Unbeirrbar in seinen Zielen soll der Architekt und Stadtplaner gewesen sein, der in den fünf Jahren, die er hier arbeitete, die Stadt mehr veränderte, als man je für möglich gehalten hätte. Sein ausgeprägtes Talent zur Teamarbeit ermöglichte es ihm zugleich, seine Riesenwerke bis ins Detail auszutüfteln. Zu seinen Mitarbeitern gehörte Margarete Schütte-Lihotzky, die für die beengten Wohnverhältnisse die berühmte „Frankfurter Küche", eine Vorläuferin der heutigen Einbauküche, entwarf.

Ernst May war 1886 in Frankfurt zur Welt gekommen. Sein Geburtshaus ist die Metzlerstraße 34 in Sachsenhausen. Er selber baute sich die „Villa May" in Ginnheim (Am Schwalbenschwanz 61, heute Ludwig-Tieck-Straße 11). Die Ernst-May-Gesellschaft hat das zweistöckige Wohnhaus Im Burgfeld 136 denkmalgerecht hergerichtet: Es soll Besuchern einen Einblick in die Schaffenswelt des Architekten geben (Näheres erfährt man unter www.ernst-may-haus.de, dort auch viele Bilder, unter anderem aus seinem Wohnhaus!).

Die stark standardisierte Bauweise Mays verschaffte ihm Preisvorteile, die dem Komfort der Wohnungen zugutekamen: Neben der innovativen Küchenlösung zählen dazu auch Zentralheizung und die flächendeckende Stromversorgung. 1930 erhielt May einen Ruf als Planungsbeauftrager nach Russland. 1933 emigrierte er nach Afrika, versuchte nach dem Weltkrieg zwei Mal, wieder in Frankfurt Fuß zu fassen. War bis 1956 Planungsleiter der Neuen Heimat in Hamburg. An der TH Darmstadt wurde er 1957 Professor für Städtebau.

In Bornheim wurde inmitten einer seiner Siedlungen ein Platz nach ihm benannt.

Lektüre-Tipps: Heinrich Klotz (Hrsg.): *Ernst May und das Neue Frankfurt 1925–1930.* Ausstellungskatalog, Verlag Ernst und Sohn, Berlin 1986.

Helen Barr, Ulrike May, Rahel Welsen: *Das neue Frankfurt.* B3 Verlag, Frankfurt 2007.

20.9.1908, München – 26.6.1982, Frankfurt

Von Frankfurt aus hat **Alexander Mitscherlich** versucht, Deutschland ein neues und besseres Gesicht zu geben – indem er das alte seiner scharfsinnigen, psychologisch und soziologisch geschulten Kritik unterzog. Die Bücher, die der langjährige Leiter des Sigmund-Freud-Instituts im Frankfurter Westend schrieb, sind noch heute legendär. Ihre Titel gehören längst zum kollektiven Gedächtnis. Sie kennt auch, wer den Inhalt der Bücher nicht kennt: „Auf dem Weg zur vaterlosen Gesellschaft" erschien 1963, 1965 schrieb er das Pamphlet „Die Unwirtlichkeit der Städte", zwei Jahre später erschien, gemeinsam mit Margarete Mitscherlich, „Die Unfähigkeit zu trauern", eine Revision der psychosozialen Bewusstseinslage im Nachkriegsdeutschland.

Früh schon wurde der 1908 in München Geborene Opfer des Antisemitismus: Als sein jüdischer Doktorvater an der Universität München starb, weigerte sich dessen Nachfolger, Arbeiten seines Vorgängers weiter zu betreuen. Mit abgebrochenem Studium ging er nach Berlin. Dort eröffnete er eine Buchhandlung. 1935 wurde sie von der SA geschlossen. Wegen Widerstandes gegen die Nationalsozialisten steckbrieflich gesucht, emigrierte er in die Schweiz. Dort setzte er das Medizinstudium, das er in Berlin begonnen hatte, fort. 1937 wurde er von der Gestapo inhaftiert. (Mitscherlich spricht von acht, sein kritischer Biograf Martin Dehli von drei Monaten. Auch den Zusammenhang zwischen Studienabbruch und Antisemitismus betrachtet Dehli als nachträgliche Glättung und Stilisierung des Lebenslaufs.) 1939 legte er sein Examen in Heidelberg ab. Dort gründete er Jahre später, nachdem er bei Victor von Weizsäcker promoviert und sich später habilitiert hatte, Deutschlands erste Klinik für psychosomatische Medizin. 1955 heiratete er Margarete Nielsen – daraus wurde eine lebenslange Liebes- und Arbeitsbeziehung. Von 1960 bis 1977 war er Leiter des

Moderner Bau im historischen Westend: das Haus der Mitscherlichs in der Friedrichstraße.

Sigmund-Freud-Instituts, von 1973 an war er außerdem Psychologieprofessor an der Universität. 1969 wurde er für seine unangepasste Kritik der deutschen Verhältnisse und Offenlegung der Verdrängungsmechanismen, die hierzulande nach dem Weltkrieg herrschten, mit dem Friedenspreis des Deutschen Buchhandels ausgezeichnet.

Er wohnte im Frankfurter Westend, Friedrichstraße 10–12, einem nüchtern funktionalistischen Bau der Nachkriegszeit im schönen Villenviertel, dessen untere Geschosse als Büros verschiedener Firmen dienen. Von hier hatte er es nicht weit zu seiner Arbeitsstätte – eine der zentralen Forderungen in „Die Unwirtlichkeit der Städte". Hier stellte er dem Ideal des arbeitsnah wohnenden Menschen die Zersiedelungspolitik der modernen Städte entgegen, die in die Flucht in die Vorstädte und die gesichtslose Anonymität von Eigenheimsiedlungen mündete. Wenn er die „Pseudo-Privatheit" jener Art Bürger kritisiert, die mit ihren Einfamilienhäusern „die Apfelwiesen des südlichen Taunus überzieht", kann man sich unschwer vorstellen, dass Mitscherlich in seiner Großstadtkritik auch Frankfurt im Blick hat – auch wenn er die Stadt namentlich nicht erwähnt: „Machen nicht unsere Städte, so wie sie wiedererstanden sind, wenn man nicht in ihnen zwischen Büro, Selbstbedienungsladen, Friseur und Wohnung funktioniert […] – machen sie dann nicht depressiv?" Mitscherlich war ein scharfsichtiger Kritiker, der sich nicht mit dem Bestehenden zufriedengab, sondern es stets an einem Ideal maß. So gelangen ihm zahlreiche hellsichtige Analysen und Thesen, von denen erstaunlich viele bis heute bedenkenswert geblieben sind. Die Krankengeschichte als Charaktergeschichte – den psychosomatischen Deutungsansatz übertrug er stringent auf die Sozialpathologie eines zwar wirtschaftlich genesenden, psychohygienisch aber aufs Schlimmste darbenden Staates. Am 26. Juni 1982 starb Mitscherlich in Frankfurt.

Lektüre-Tipps: Alexander Mitscherlich: *Die Unwirtlichkeit unserer Städte.* Suhrkamp Verlag, Frankfurt 1986.
Martin Dehli: *Leben als Konflikt. Zur Biographie Alexander Mitscherlichs.* Wallstein Verlag, Göttingen 2007.

Rosemarie Nitribitt

1.10.1933, Düsseldorf – (vermutlich) 29.10.1957, Frankfurt

Der Begriff Edelprostituierte kann in Zeiten fortgeschrittener Skandalresistenz niemanden mehr erschüttern. In den fünfziger Jahren war das sehr wohl noch möglich. **Rosemarie Nitribitt** brachte es damit zur Berühmtheit. Bis heute ist sie die bekannteste Hure Deutschlands, konsequent gestaltete sie ihr Leben gemäß allen Klischees von Reichtum und Amoral, Glanz und Sünde – und wurde damit zum Symbol des unbedingten Wiederaufbruchswillens nach der Totalzerstörung des Zweiten Weltkrieges. 1933 kam sie in armen Verhältnissen, als uneheliches Kind einer Putzfrau in Düsseldorf, zur Welt. Mit elf Jahren wurde sie vergewaltigt, galt von da an – die Tat selber war den Jugendämtern nicht bekannt – als verhaltensauffällig, geriet früh in Prostitutionskreise, was sie jedoch nie von ihrem Ziel abhielt, das sie mit unbändigem Ehrgeiz verfolgte: Sie wollte nach ganz oben, etwas Besseres sein. Im Appartement 41 der Stiftstraße 36 nahe dem Eschenheimer Turm wohnte sie fein, aber unauffällig, wie sich das für eine Prostituierte gehört. Alles andere aber war betont auffällig. „Das Mädchen Rosemarie", wie sie später in Buch und Film von Erich Kuby heißen sollte, inszenierte sich konsequent als Luxusgirl: schwarz mit roten Ledersitzen und Weißwandreifen ihr sündhaft teurer Mercedes 190 SL. Sie trug Pelzmantel und Diamantring, ließ sich von einem Pudel begleiten, und von ihren Freiern verlangte sie 200 Blumen. Rosemarie Nitribitt verkörperte wie keine andere die verruchte Schattenseite von Deutschlands schaurig-schöner Wirtschaftswunderwelt.

Ihr unaufhaltsamer Aufstieg war immer wieder von harten Rückschlägen gesäumt. Ein türkischer Unternehmer, der sie lange ausgehalten hatte, starb während eines gemeinsamen Urlaubs in San Remo an einem Herzinfarkt. „Irgendwann schlägt mir noch einer den Schädel ein", soll Rosemarie Nitribitt wenige Wochen vor ihrem Tod lachend in der Bad Homburger Tennis-Bar gesagt haben. Sie wusste, dass es gewagt war, so ostentativ mit der Doppelmoral der fünfziger Jahre zu spielen. 400 Mark verdienten die Deutschen im Durchschnitt, Rosemarie Nitribitt soll in ihren letzten zehn Monaten 90.000 Mark eingenommen haben, träumte jedoch immer von einem bürgerlichen Leben: Häuschen mit Garten, Familie, ein einträgliches Geschäft, vielleicht eine chemische Reinigung. Doch mit ihrem extravaganten Lebenswandel bediente sie die Neidgefühle der einfachen, hart arbeitenden Leute.

Am 1. November 1957 wurde der Leichnam der 24-Jährigen in ihrer Wohnung entdeckt. Sie hatte die Tür geöffnet, es war zum Kampf gekommen, sie wurde erwürgt. Das Blut aus einer Platzwunde am Kopf hatte ihr Mörder mit einem rosafarbenen Frotteehandtuch aufzufangen versucht. Zum bundesrepublikanischen Skandal wurde der Fall Nitribitt durch ein in Leder gebundenes Notizbuch, das ihre umfangreichen Kontakte in höchste Industriekreise nachwies, die zu Gunter Sachs ebenso reichten wie in die Krupp-Dynastie, zu Harald von Bohlen und Halbach sowie zu Harald Quandt. Doch damit nicht genug der bürgerlichen Doppelmoral. Nach allen Beschreibungen müssen die polizeilichen Ermittlungen haarsträubend dilettantisch gewesen sein. Die feinen Herren wurden hofiert, wichtige Spuren nicht aufgenommen. Ein Teil der Polizeiakten verschwand spurlos. Die 50er Jahre hatten ihren Sittenskandal. Bis heute ist der Mörder nicht gefunden. Rosemarie Nitribitts Kopf, von der Gerichtsmedizin abgetrennt, war bis Anfang 2008 in einem Schaukasten des Frankfurter Kriminalmuseums (Adickesallee 70) ausgestellt. Dann wurde er an die Staatsanwaltschaft zurückgegeben und auf dem Düsseldorfer Nordfriedhof beerdigt, wo der Körper der Prostituierten schon seit 50 Jahren ruht.

Lektüre-Tipp: Christian Steiger: *Rosemarie Nitribitt. Die Autopsie eines deutschen Skandals.* Heel Verlag, Königswinter 2007. Im Internet: www.kmffm.de/links.de (Kriminalmuseum Frankfurt Main)

In der Stiftstraße 36 lebte Rosemarie Nitribitt – und hier starb sie auch.

Bernd Pfarr

11.11.1958, Frankfurt – 6.7.2004, Köln

Über **Bernd Pfarr**s Witze lacht man nicht lauthals. Man stutzt. Und gelangt darüber zum Schmunzeln. Bernd Pfarr, 1958 in Frankfurt geboren, schlug seinen Weg früh ein, als hätte es für ihn nie einen Grund zu zweifeln gegeben. Er studierte Grafik an der Hochschule für Gestaltung in Offenbach. Schon 1978, da war er gerade einmal 20 Jahre alt, zeichnete er für den „Stern" und war integriert ins Team der „Titanic". Soweit sich einer wie er, der immer draußen steht, integrieren lässt.

Seine berühmteste Figur ist Sondermann. Ihn malte er über viele Jahre Woche für Woche im „Zeit"-Magazin, durchaus nicht unwidersprochen. Immer wieder fragten Leser, was denn an Pfarrs Cartoons lustig sein solle – und saßen damit möglicherweise einem Missverständnis auf. Denn diese Witzblätter, die da Woche für Woche erschienen, waren womöglich gar keine. Vollendete Bilder, hieß es im Nachruf der Wochenzeitung, habe der Künstler Woche für Woche abgeliefert, Acrylgemälde im Format von 80 Zentimetern Höhe.

Seine perfekt inszenierten Werke, die stets an vielerlei Stellen Anlass zum Schmunzeln geben, zeigen, dass Pfarr auch anders gekonnt hätte: lauter, lustiger, direkt aufs Zwerchfell zielend. Aber das wollte er nicht. Es ist, als wolle er sich letztlich der Pointe verweigern, aufgrund eines unüberwindlichen Hangs zur Metaphysik, die er rettete, indem er sie ins Gewand des Absurden kleidete. Da ist Hund Purzel auf leerer Straße, dem jaulend sein Elend klar wird: Zu wenig habe er nach Kants kategorischem Imperativ gelebt. Oder der mit Skiern und Hanteln ausgestattete Springer vom Zehnmeter-Turm in Badehose. Wenn man sich, verwirrt vom Bildinhalt,

Pfarrs Textzeile zuwendet, liest man dort: „Ist das noch Fußball?" Dies alles malt Pfarr in einer Manier der höchsten Exaktheit. Doch nichts ist, wie es scheint. In jedem seiner Bilder zeigt Bernd Pfarr: Die Realität ist anders, als wir denken. Ja, mehr noch: Es gibt sie nicht, die Realität. Es gibt unendlich viele, und dass das, was wir sehen, dem entspricht, was tatsächlich ist, ist eher unwahrscheinlich. Bernd Pfarr, der früh an Krebs erkrankte, zwanzig Jahre lang immer wieder mit ihm zu kämpfen hatte und schließlich mit 45 Jahren in einer Klinik in Köln starb, hat die Irreführung des Betrachters zu seinem Ziel gemacht. Nichts ist so, wie es scheint, und Erklärungen helfen auch nicht weiter. Mit aller Macht treibt Pfarr den Betrachtern seiner Bilder jedweden Glauben an Sicherheiten aus – nicht mit dem Ingrimm des Ideologen, der um eine andere Sicherheit weiß, sondern mit der leichten, lachenden Art eines verwunderten Erdengastes, der um die Flüchtigkeit der Existenz weiß.

Pfarr war verheiratet und hatte einen Sohn. Dass er sein Leben in Frankfurt, Friedrichstraße 32, verbrachte, ermöglichte ihm den engen Kontakt mit dem Freundeskreis der Neuen Frankfurter Schule, die von der „Titanic" aus ihre subversiven Botschaften in die Welt verbreitete. Frankfurt aber war immer auch jene Stadt, die von vielen nur als zugige Durchgangsstation wahrgenommen wird. In Pfarrs Fall gewinnt das fast eine höhere Symbolkraft.

In der Friedrichstraße 32 lebte Bernd Pfarr.

Lektüre-Tipps: Bernd Pfarr: *Komische Kunst. Mit einem Vorwort von Andreas Platthaus.* Verlag Kein & Aber, Zürich 2003. Bernd Pfarr: *Komische Welten.* Verlag Edel Edition, Hamburg 2008.

4.4.1930, Wuppertal – 8.7.2004, Frankfurt

Aus dem Frankfurter Holzhausenviertel vertrieb **Chlodwig Poth** Ende der 80er Jahre ein „verachtungswürdiges Spekulantenarschloch". Feinde müssen sein. Und auf den Punkt bringen muss man es auch. Schon 1983 hatte der Zeichner es getan, im Fragebogen der F.A.Z.: Was er am meisten verabscheue? Seine Antwort: „Finanz- und Immobilienmakler, Anlageberater und fast alle Parteisekretäre." Nach Frankfurt hatte es den 1930 in Wuppertal Geborenen 1955 verschlagen. Er, der schon immer Karikaturist hatte werden wollen – seine frühesten Bilder malte er in Berliner Luftschutzkellern –, redigierte dort zunächst die Dunlop-Werkzeitung. Doch 1958 brach seine satirische Neigung durch. Er veröffentlichte „Ganz moderne Zeiten", ein Buch über den zerstörerischen Siegeszug der Technik.

Alt Sossenheim 9 lautet die Adresse vom Alten Schulhaus, von dem aus Chlodwig Poth die Welt beobachtete.

1962 gehörte Poth zu den „Pardon"-Gründern. Berühmt wurde seine Serie „Mein progressiver Alltag" in den 70ern. Auch bei der „Titanic" war er von ihrer Gründung im Jahr 1979 an dabei. Dass der kleine Mann mit dem langen grauen Bart sich als neue Heimat Sossenheim ausguckte, muss man im Nachhinein wohl als Glücksfall betrachten, auch wenn dies die Sossenheimer durchaus nicht immer goutierten. Hier lebte er mit seiner Frau Anna im Alten

Schulhaus, direkt an der Hauptverkehrsstraße, Alt Sossenheim 9. Und beobachtete von diesem heimlichen Zentrum aus die Menschheit um ihn herum. Es ist eine hässliche Welt mit hässlichen Menschen, die wenig geistreiche Dialoge sprechen: „Du deutsch, du ungläubig, alles klaa“, sagt der eine zum andern. Worauf der erwidert: „Alle Türken stinken!“

„Last Exit Sossenheim“ heißt die Langzeit-Serie, die über 14 Jahre hinweg regelmäßig in der „Titanic“ erschien – und die Sossenheimer verständlicherweise wenig glücklich machte. Man merkt Poths feingestrichelten Zeichnungen oft den Zorn an, mit dem sie entstanden. Die Welt um ihn herum – ein Irrenhaus. Zeit seines Lebens dokumentierte er das mit unbestechlichem Blick. 300 Meter um sein Haus herum habe er alles gefunden, was er für die Serie brauchte, hat seine Frau später erzählt – Sossenheim als Mikrokosmos für Frankfurt und für noch viel mehr. Mit Zeichenblock und Kamera sei er unerschrocken in jeden Hinterhof gegangen, bis er sein Bild hatte. Die Sossenheimer dankten es ihm dennoch, indem sie, nicht einmal ein Jahr nach seinem Tod, ein kleines Terrain im Frankfurter Grüngürtel an der Wiesenfeldstraße Chlodwig-Poth-Anlage nannten. In dem von ihm geliebten Weißdorngärtchen hatte Poth fünf Stelen mit Karikaturen und zwei Bänken errichtet. Poth selber hatte sich gewünscht, dass einmal eine Straße mit Bushaltestelle nach ihm benannt würde – dann würde sein Name dauernd ausgerufen. „Frankfurt oder Ein vorletzter Tag der Menschheit“ hieß sein 20. Buch, das 1986 erschien.

In den Jahren vor seinem Tod litt Poth an einer Makula-Degeneration, die ihm das Zeichnen nur noch mit enormen Vergrößerungshilfen erlaubte. Er selbst hat seine Sossenheim-Bilder kurz vor seinem Tod als sein Hauptwerk bezeichnet.

Lektüre-Tipp: Chlodwig Poth: *Last Exit Sossenheim.* Knesebeck Verlag, München 1993.

Oskar Schindler

28.4.1908, Zwittau (heute Tschechien) – 9.10.1974, Hildesheim

Keine edle Gegend, keine feine Adresse: Am Hauptbahnhof 4 hatte sich **Oskar Schindler**, der Retter von 1.200 Juden, 1958 niedergelassen. Dort wohnte er im obersten Stock ganz rechts. An der Tür ein kleines handgeschriebenes Schild mit seinem Namen. 50 Jahre war er alt, hatte ein bewegtes Leben geführt – und musste jetzt ganz von vorne anfangen. 1908 war er im mährischen Zwittau geboren worden. War in der Wirtschaftskrise um 1930 mehrfach arbeitslos gewesen. War in die Sudetendeutsche Partei eingetreten, wo er Spionage-Aufträge annahm. 1939 wurde er Mitglied der NSDAP und führte eine Emaillewarenfabrik in Krakau, die er später kaufte. Und dann geschah das Wunder. Er gehörte nicht zu denen, die das Elend der Juden verleugneten oder gar für sich ausnutzten. Er erreichte vielmehr, dass seine Fabrik als „kriegswichtig" eingestuft wurde. Und ließ bis zu 900 Juden dort arbeiten, die er damit vor dem Abtransport in ein Konzentrationslager bewahrte. Warum? „Wer nachher die sadistische Verfolgung dieser Menschengruppe miterlebt hat, musste statt seines Herzens einen Stein in sich haben, wenn er da nicht Mitleid empfunden und eine Aufgabe gefühlt hat, zu helfen", sagte er im Rückblick.

Seine Belegschaft zu versorgen wurde ihm zur wichtigsten Aufgabe. Dieses Ziel zu erreichen – fast unlösbar wurde es im harten Kriegswinter 1944/45 – scheute er keine Tricks und Täuschungsmanöver gegenüber den offiziellen, nationalsozialistischen Stellen. Ein Politiker war er nicht, von seinem Naturell vielmehr ein Spieler, der viel riskierte, aber einer mit Charakter. Im April 1945 setzte er sich in den Westen ab, lebte in Regensburg, wanderte dann nach Argentinien aus, wo er sich eine Existenz als Farmer aufbauen wollte. Er scheiterte und kehrte nach Deutschland zurück, ohne seine Frau, die ihn nicht mehr

begleiten wollte. Von Frankfurt aus übernahm er eine Zementfabrik in Hochstadt bei Hanau – und musste bald Konkurs anmelden. 1962 feierten ihn die von ihm geretteten Juden begeistert in Israel. Seitdem lebte er das halbe Jahr über in Israel, wo ihn die Schindler-Juden unterstützten. Er empfing das Bundesverdienstkreuz 1. Klasse, doch eine neue Existenz aufzubauen gelang ihm nicht. Am 9. Oktober 1974 starb Oskar Schindler nach einem Schlaganfall und einer Operation in Hildesheim. In Frankfurt gab es eine Trauerfeier, begraben jedoch ist er in Jerusalem. Sein Grabstein auf dem Zionsberg würdigt ihn als den „unvergesslichen Lebensretter 1.200 verfolgter Juden".

Der „Mann mit der rauhen Stimme und dem österreichischen Akzent", wie ihn sein Biograf Dieter Trautwein beschreibt, blieb trotz aller Auszeichnungen in Frankfurt ein Unbekannter. Das mag mit der Zeit zu tun haben, in der er lebte, wie Trautwein mutmaßt – eine Zeit, in der man lieber vergaß, als sich zu erinnern. Es muss aber auch mit Schindlers Bescheidenheit zusammenhängen. Sich für andere eingesetzt zu haben, trotz der Gefährdung des eigenen Lebens nicht von seinen moralischen Vorstellungen zu lassen, das schien dem charakterstarken Unternehmer wohl zu selbstverständlich, um damit renommieren zu gehen. In Frankfurt wurde er endgültig zum Einzelgänger. Zwar soll er im Bahnhofsviertel sehr bekannt gewesen sein und vielen Menschen geholfen haben, indem er ihnen zuhörte und guten Lebensrat gab, doch er selbst öffnete sich nicht. In ärmlicher Bescheidenheit lebte er allein, großzügig selbst, wenn er kein Geld hatte, und bis zu seinem Tod stets bereit zu helfen.

Direkt gegenüber vom Frankfurter Hauptbahnhof lebte Oskar Schindler. Eine Gedenktafel am Haus erinnert an ihn.

Lektüre-Tipp: Dieter Trautwein: *Oskar Schindler … immer neue Geschichten.* Societäts-Verlag, Frankfurt 2000.

Arthur Schopenhauer

22.2.1788, Danzig – 21.9.1860, Frankfurt

Nach Frankfurt zog es **Arthur Schopenhauer** im September 1831. Berlin verließ er auf der Flucht vor der dort grassierenden Cholera, die wenig später seinen Universitätskollegen Hegel dahinraffte. Die Veröffentlichung seines Hauptwerkes, in dem er „die Welt als Wille und Vorstellung" begreift, lag da schon dreizehn Jahre zurück. Der Philosoph war ein überaus ängstlicher, den Zumutungen der Welt mit größtmöglicher Skepsis begegnender Mensch: Jede der Wohnungen, die er in Frankfurt nahm, lag im Erdgeschoss – aus Angst vor Feuer. Sorgsam listet er vor seinem Umzug in die Mainstadt die Vor- und Nachteile von Frankfurt und Mannheim auf: Frankfurts Vorzüge sind gesundes Klima und schöne Gegend, die Annehmlichkeiten und die Abwechslung einer großen Stadt, das Naturhistorische Museum, die Senckenbergische Bibliothek, das Physikalische Kabinett, Schauspiel, Oper und Konzerte, ein guter Zahnarzt und weniger schlechte Ärzte als anderswo. (Bessere Bäder und kein Gedränge im Theater sprachen für Mannheim.)

Arthur Hübscher, einer der besten Kenner Schopenhauers und Herausgeber seiner Werke, schreibt, „die Wirklichkeit, die Schopenhauer in Frankfurt suchte, war nicht das Umfangensein von einer geistigen Heimat", zum Leben brauchte er primär „Einsamkeit und Freiheit". Letzteres hatte er durch sein väterliches Erbe, das es ihm ermöglichte, lebenslang eine leidlich auskömmliche Existenz als Privatier zu fristen. An persönlichem Besitz und Reichtum lag ihm nicht, alles hingegen an der Wahrung seiner Unabhängigkeit. So wurde er ein akribisch rechnender Verwahrer seines kleinen Vermögens. Jahrelang lebte er in möblierten Zimmern. Außer seinen Büchern und seinem Pudel Atma hatte er kaum persönlichen Besitz.

Dass er hier bleiben wollte, war ihm bald klar. Hübscher schreibt: „Und wirklich hat er in den 28 Jahren, die ihm noch beschieden waren, die Stadt nur noch für eine viertägige Rheinreise bis Koblenz und für kurze Tagesausflüge nach Mainz und Aschaffenburg verlassen.“ Wilhelm Busch zeichnete Schopenhauer in einem berühmten Bild von hinten, so wie man ihn in der Stadt kannte: als eigenwilligen, um nicht zu sagen kauzigen, in altertümlicher Kleidung mit seinem Pudel spazierenden Herrn. Gelegentlich pflegte er dabei laute Selbstunterhaltungen zu führen.
Sein Mittagsmahl nahm er gern im Englischen Hof an der Südseite des Roßmarkts. In seiner frühen Frankfurter Zeit dachte er intensiv über eine erweiterte und verbesserte Neuauflage der „Welt als Wille und Vorstellung“ nach. Doch die Nachfrage nach der ersten Auflage war so schwach, dass er diesen Gedanken bald fallen lassen muss-

Im Haus Schöne Aussicht 17 (rechts) lebte Schopenhauer 16 Jahre, dann zog er um ins Nachbarhaus (links).

Vorderansicht des Hauses Schöne Aussicht 17. Schopenhauer lebte im Erdgeschoss.

te. Zur Neuauflage kam es schließlich erst 1844. Acht Jahre zuvor hatte er „Über den Willen in der Natur“ publiziert, sein erstes Frankfurter Buch.

Schopenhauer war ein Misanthrop mit großem Herzen, 1841 beteiligte er sich an dem neugegründeten Frankfurter „Verein zum Schutze der Thiere“. Als es 1848 auch in Frankfurt zu Aufständen gegen die Nationalversammlung kam, ließ er die Österreicher in seine Wohnung und lieh den Offizieren gar seinen Operngucker, um „das Pack hinter der Barrikade“ besser bekämpfen zu können. Mit 55 Jahren zog er erstmals in eine eigene Wohnung samt Haushälterin, zuvor war er in der Stadt ein halbes Dutzend Mal umgezogen. In der Schönen Aussicht 17, dem größten klassizistischen Bürgerhaus im Fischerfeldviertel, wohnte er 16 Jahre. Seine Wohnung war möbliert, „wie man es höchstens einem armen Studenten zugetraut hätte“, ist die Beschreibung eines Besuchers überliefert. Mit über 70 zog er um in die Schöne Aussicht 16. Bomben zerstörten beide Häuser 1944, eine Gedenktafel kündet heute noch von ihrem prominenten Bewohner. Dort lebte er die letzten zwei Jahre bis zu seinem Tod mit 72 Jahren. Sein Spätwerk, allem voran die „Parerga und Paralipomena“ und die „Aphorismen zur Lebensweisheit“, zeigen eine neue Seite an Schopenhauer, durchdrungen von lebenspraktischer Heiterkeit, die sein Interpret Hübscher auch seinem täglichen Umgang in der „Luft der alten Messe- und Handelsstadt“ zuschreibt. Sein Grab auf dem Hauptfriedhof hat er selbst gekauft. Seinen Nachlass verwaltet das Schopenhauer-Archiv der Universität, Bockenheimer Landstraße 134–138. In der Obermainanlage am Rechneigrabenweiher steht auf schlichtem Sockel eine Büste.

Lektüre-Tipps: Arthur Hübscher: *Schopenhauer und Frankfurt*. Schopenhauer-Jahrbuch XXXXVII, Frankfurt 1966 (Im Internet: www.schopenhauer.de/Huebscher.htm). Auf www.schopenhauer.de auch Thomas Regehly: *Auf den Spuren Schopenhauers in Frankfurt*.

Beide Häuser in der Schönen Aussicht wurden im Zweiten Weltkrieg zerstört. Noch heute ist hier ein Trümmergrundstück.

Clara Schumann

13.9.1819, Leipzig – 20.5.1896, Frankfurt

„Meine Kunst lasse ich nicht liegen, ich müsste mir ewige Vorwürfe machen." **Clara Schumann**s Leben war untrennbar mit der Musik verbunden, obwohl das für sie mit großen Schwierigkeiten verknüpft war. Ernsthaft könne man sich mit ihrer Musik schon deshalb nicht beschäftigen, „weil wir es mit dem Werk einer Dame zu tun haben", vermerkte ein zeitgenössischer Kritiker. Und auch sie selber stand wohl zu sehr unter dem Einfluss ihrer Zeit, um sich von solchen Vorurteilen frei machen zu können. „Natürlich bleibt es immer Frauenzimmerarbeit", urteilte sie über ihr Klaviertrio op. 17, das manche Kritiker als ihr bestes Werk beurteilen. Geboren wurde Clara am 13. September 1819 in Leipzig, aufgezogen von ihrem Vater, dem gestrengen Musikpädagogen Friedrich Wieck, der ihr Talent früh erkannte und sie zu einem pianistischen Wunderkind erzog. Zur Ehe mit Robert Schumann, der 1837 um ihre Hand anhielt, kam es gegen den erbitterten Widerstand des Vaters, der sich eine bessere Partie für sie erhofft hatte.

Das junge Ehepaar lebte in Leipzig, später in Düsseldorf. Clara gebar acht Kinder, von denen eines jung starb, und feierte europaweit Erfolge als Pianistin – eine Leistung, die man kaum begreifen kann, auch wenn man berücksichtigt, dass sie sich für die Erziehung der Kinder Hilfen holte. Robert, den eine Erkrankung an der rechten Hand daran hinderte, selber Klavier zu spielen, komponierte. Ihr fiel die Aufgabe zu, sein Werk zu präsentieren. Nach dem Tod ihres Mannes 1856 gab sie fünf Kinder außer Haus. Nach Frankfurt kam sie erst im Alter von 59 Jahren – vom neugegründeten Hoch'schen Konservatorium ließ sie sich, nachdem der mit ihr befreundete Johannes Brahms ihr zugeredet hatte, zu günstigen Bedingungen als Erste Klavierlehrerin einstellen. In ihrem Tagebuch kann man die damit

verbundenen Zweifel nachlesen. „Ich hatte ja nie an Frankfurt gedacht, und doch manche Gründe dafür leuchteten mir wohl ein", schrieb sie: „Ich käme dem Rhein wieder nah, wäre so recht im Mittelpunkt von Deutschland. Die Stadt künstlerisch manches bietend, das herrliche Museums-Orchester, das Theater."

Im Oktober 1878 zog sie in ein Haus im Westend, das sie im Juni 1882 kaufte. Heute befindet sich eine Gedenktafel an der Myliusstraße 32. Die „Frankfurter Biographie" vermerkt, aufgrund häufiger Konzerte sei Frankfurt in dieser Zeit ein „Zentrum der Schumann- und Brahms-Pflege" geworden. Von hier aus sorgte sich Clara auch um die Verwaltung des musikalischen Erbes, das ihr Mann hinterlassen hatte: Zusammen mit Johannes Brahms gab sie die Gesamtausgabe seiner Werke heraus. Die virtuosen Klavierkonzerte Clara Schumanns in der Frankfurter „Museumsgesellschaft" galten als Höhepunkte des hiesigen Musiklebens. Neben Werken ihres Mannes und Brahms' brachte sie in ihnen nicht selten auch eigene Werke zu Gehör. Als Brahms 1896 von ihrem schlechten Gesundheitszustand hörte, reiste er sofort zu ihr nach Frankfurt, kam aber zu spät. Am 20. Mai war Clara gestorben. Brahms soll sich an ihren Flügel gesetzt und eine Totenfeier zelebriert haben. Die „Vier ernsten Gesänge", die in dieser Zeit entstanden, gelten als Nachruf auf Clara. Begraben wurde sie in Bonn an der Seite ihres Mannes Robert. Ihr Porträt zierte den Hundert-Mark-Schein.

Eine Gedenktafel zeugt heute von der berühmten Bewohnerin des Hauses Myliusstraße 32.

Lektüre-Tipp: Beatrix Borchard: *Clara Schumann. Ihr Leben.* Ullstein Verlag, Berlin 1991.

Friedrich Stoltze

21.11.1816 Frankfurt, – 28.3.1891, Frankfurt

Der Frankfurter Sparkasse gebührt das Verdienst, im denkmalgeschützten Renaissance-Turm ihrer Niederlassung in der Töngesgasse 34–36 im Jahr 1978 ein Stoltze-Museum eingerichtet zu haben. In der Tat ist dies der beste Ort, sich dieses Frankfurter Urgesteins zu erinnern. Zwar wurde er im „Rebstock“ oder Rewestock, wie er sagte, dem Gasthaus der Eltern in der Kruggasse 4, geboren. Doch 1904 wurde das Haus im Schatten des Domes wegen des Durchbruchs der Braubachstraße abgerissen. An der Nordseite des Hauptzollamts, gegenüber vom Frankfurter Museum für Moderne Kunst, erinnert noch heute eine Gedenktafel an **Friedrich Stoltze**s Geburtsort. Später lebte er an verwirrend vielen Orten – wir zitieren die „Frankfurter Biographie“: „Stoltze wohnte mit der verwitweten Mutter zunächst in der Schnurgasse, dann in Bornheim, in der Schäfergasse, endlich allein in einer Dachwohnung in der Kastenhospitalgasse (Tollgasse, später Börsenstraße), dann in der Großen Friedberger Straße, verheiratet zuerst in der Großen Bockenheimer Straße, Papageigasse und Klostergasse, dann Röderberg 14, aber bald schon wieder in Innenstadtnähe: Schaumainkai, Bornwiesenweg, Pfingstweide und Sandweg. Nach 1866 fand er in dem Zickwolffschen Landhaus auf dem Mühlberg, Ecke Wendelsweg/Hühnerweg, Wohnung, wechselte aber schon nach Jahresfrist in den Oberen Bäckerweg und 1869 in die Unterlindau 10, schließlich letztmalig – aufgrund eines Entgegenkommens der Familie Rothschild – 1873 ins Stoltze-Haus Grüneburgweg 128 (für den Park des IG-Farben-Gebäudes 1930 abgerissen), wo er gestorben ist.“ Das Redaktionsgebäude, in dem er seiner umfangreichen publizistischen Tätigkeit nachging, war die Große Eschenheimer Straße 43, direkt gegenüber dem Palais von Thurn und Taxis.

Es sind genau vier Zeilen, die Friedrich Stoltzes Ruf als Frankfurt-Enthusiast und hervorragender Lokal-Prominenter im öffentlichen Bewusstsein bis heute fundieren, und die deswegen – unvermeidlich – auch hier zitiert werden müssen: „Es ist kaa Stadt uff der weite Welt, / die so merr wie mei Frankfort gefällt, / un es will mer net in mein Kopp enei: / wie kann nor e Mensch net von Frankfort sei." Diese Worte hatte er seiner Lieblingsfigur, dem Frankfurter Kleinbürger Hampelmann, in den Mund gelegt, der so die Turner auf dem ersten Turnfest in Frankfurt 1880 begrüßte. Aber Stoltzes Größe besteht in anderem – er hat unvergleichlich viel Besseres geschrieben. Stoltze war nicht nur Mundartdichter, sondern auch ein eminent politischer und scharf beobachtender Satiriker. Er war der Frankfurter Chronist des 19. Jahrhunderts, erlebte den Wachensturm, die Nationalversammlung in der Paulskirche. 1852 begann er mit der Herausgabe der „Krebbelzeitung", in der er das Zeitgeschehen Frankfurts mit spitzer Feder auf den Punkt brachte. Zeitlebens erschienen insgesamt 47 Nummern. Schon im Gasthaus der Eltern waren häufig Revolutionäre und Monarchiegegner zu Gast. Stoltze war ein Freiheitskämpfer. 1866, als die Preußen Frankfurt annektierten, musste er nach Stuttgart fliehen. Dank einer Amnestie konnte er noch im gleichen Jahr zurückkehren. Seine Zeitschrift, die „Frankfurter Latern", blieb jedoch verboten bis 1872. Dann führte er sie weiter bis zu seinem Tod 1891. Zwei Jahre später wurde sie ganz eingestellt – nach genau 1.360 Ausgaben. Alle zehn Tage war sie in 10.000 Exemplaren erschienen.

Auf dem von Holzgraben, Katharinenpforte und Bleidenstraße eingefassten Friedrich-Stoltze-Platz steht heute ein Brunnendenkmal. Das Grab von ihm und seiner Frau, mit der er elf Kinder großzog, darunter auch den Theaterdramatiker Adolf Stoltze, existiert noch. Es steht auf dem Hauptfriedhof im Gewann J 306, hinter der Gruftenhalle.

Lektüre-Tipp: Johannes Proelß, Günther Vogt: *Friedrich Stoltze. Ein Bürger aus Frankfurt.* Societäts-Verlag, Frankfurt 1978.

Der Stoltze-Turm der Frankfurter Sparkasse beherbergt heute die Memorabilien des großen Frankfurters.

14.3.1681, Magdeburg – 25.6.1767, Hamburg

Man muss einiges an Fantasie aufbringen, um sich jene Stadt namens Frankfurt vorzustellen, die **Georg Philipp Telemann** im Jahr 1712 für neun Jahre zum Lebenszentrum wählte. 1681 wurde er in Magdeburg geboren. Die Musik faszinierte ihn seit frühester Kindheit. Er lernte zahlreiche Instrumente. Im Alter von zwölf Jahren komponierte er „Sigismundus“, seine erste Oper. Zwar setzte die Mutter (der Vater starb 1685) einiges daran, ihn von diesem ihrer Meinung nach unehrenwerten Talent abzubringen. Sie beschlagnahmte seine Instrumente, schickte ihn in die Ferne. Doch seine Neigung ließ sich nicht unterdrücken.

Haus Braunfels am Liebfrauenberg, zu seiner Zeit das größte und repräsentativste Wohnhaus der Stadt.

Nach Frankfurt schließlich lockte ihn eine Stellung als städtischer Musikdirektor und Kapellmeister zweier Kirchen. Er zog dorthin mit seiner Tochter. Seine Frau war bei der Geburt ein Jahr zuvor im Kindbettfieber gestorben. Schon 1713 übernahm er die Organisation der wöchentlichen Konzerte der Patriziergesellschaft Frauenstein, die sich im Haus Braunfels am Liebfrauenberg traf. Für die Übernahme der Verwaltungsangelegenheiten durfte er dort auch wohnen. Der vornehme Charakter des Platzes ist heute mit seiner Mischbebauung aus für Boutiquenzwecke aufgehübschtem 18. Jahrhundert, trister Nachkriegsbebauung und Kirchenfront schwer zu ahnen. Haus Braunfels galt Ende des 17. Jahrhunderts, als es sich die prosperierende Börse zum Versammlungsort erkor, als größtes und geräumigstes Haus der 30.000 Einwohner zählenden Stadt.
Die neun Jahre, die Telemann in Frankfurt verbrachte, gelten als die produktivsten seines Lebens. Davon zeugen 800 Notenhandschriften in der Stadt- und Universitätsbibliothek – eine enorme Anzahl, die sich nur mit seiner auch von Zeitgenossen bezeugten Arbeitseffektivität erklären lässt. Zu den populärsten Werken Telemanns der Frankfurter Zeit gehört die „Brockes-Passion".
Der Musiker wusste um seinen Wert. Zu Frankfurter Zeiten schon reichte sein Ruhm weit über die Stadtgrenzen hinaus. Sein unbefangener Umgang mit den Stadtoberen und ein außergewöhnliches Verhandlungsgeschick brachten es mit sich, dass er bald zu den bestverdienenden Bürgern der Stadt gehörte. Dafür nahm er es freilich in Kauf, auch zahlreiche Arbeiten ausführen zu müssen, die nicht

im engeren Sinne mit seiner musikalischen Begabung zu tun hatten. So musste er für das Collegium Musicum, das sich im Haus Braunfels traf, gelegentlich auch kellnern.
In einem Lebenslauf von 1740 fasst er diese Zeit selber zusammen: „Ich weiß nicht, was mich bewog, einen so auserlesenen Hof, als der eisenachische war, zu verlassen; das aber weiß ich, damahls gehört zu haben: Wer Zeit Lebens fest sitzen wolle, müsse sich in einer Republick niederlassen. Also folgte ich 1712 dem nach Franckfurt am Mayn, als Capellmeister an der Baarfüsserkirche, erhaltenen Berufe, ohne daß ich einen Menschen daselbst kannte. Jedoch die angenehme Freiheit im Leben ersetzte hier den Verlust, den ich dort an einem gnädigen Herrn und an bra-

ven Virtuosen erlitten hatte. Ob zwar meine jährliche Versorgung nicht geringe war, so trat ich doch überdies annoch bey der hochadelichen Gesellschafft, Frauenstein, in Dienste, wo ich über den derselben zugehörigen Pallast, welchen die Römischen Kaiser bey Dero Wahl und Krönung einzunehmen pflegen, die Aufsicht, und zugleich

meine Wohnung in solchem bekam. […] Hiernächst wurde mir annoch vom Musikdirector der zwoten lutherischen Hauptkirche zu S. Catharinen dessen Stelle übergeben.“
Einen weiteren entscheidenden Vorteil hatte Frankfurt: Hier konnte Telemann seine Werke drucken lassen und damit für die Mehrung seines Ruhmes sorgen. In Frankfurt heiratete Telemann zum zweiten Mal. Katharina Maria Textor gebar ihm acht Kinder. Dass er 1721 nach Hamburg zog, wo er bis zu seinem Tod 1767 lebte, erklärt man sich damit, dass es in der größeren Hansestadt für ihn auch die Möglichkeit gab, Opern aufzuführen. Wert legte er jedenfalls auf das Frankfurter Bürgerrecht. Um es zu erhalten, schickte er alle drei Jahre eine Kirchenkantate an den Main.

Lektüre-Tipp: Karl Grebe: *Georg Philipp Telemann. Mit Selbstzeugnissen und Bilddokumenten.* Rowohlt, Reinbek 1986.

10.5.1885, Koblenz – 28.11.1970, Diez an der Lahn

Der Erste Weltkrieg machte **Fritz von Unruh** zum Dichter. Die Heraufkunft des Zweiten zerstörte seine Schriftsteller-Existenz. Geboren wurde von Unruh 1885 als Sohn eines preußischen Generals, erzogen wurde er zusammen mit den Kindern des Kaisers. In seinen frühen Stücken behandelte er, ganz seiner Herkunft gemäß, das Thema der Gehorsamspflicht („Offiziere", 1912; „Louis Ferdinand", 1913). Doch seine Erfahrungen vor Verdun machten ihn zum entschlossenen Pazifisten: Angesichts des Grauens an der Front brach er wie nur wenige Offiziere neben ihm mit der preußischen Tradition, in der er stand, wurde zum

wortmächtigen Ankläger des Krieges. In „Opfergang" (1916) prangerte er das Inferno der Materialschlachten und der abertausend vergeblichen Tode an. Der Text wurde sofort verboten, kursierte aber in unzähligen Kopien unter den Frontsoldaten. Auch sein Drama „Ein Geschlecht" (1918) handelt von der barbarischen Einwirkung des Krieges auf die menschliche Gesittung. In einer steilen, von Pathos getragenen Sprache türmt von Unruh schreckliche Menschheitsschicksale aufeinander. Weder in Berlin noch in Darmstadt konnte das Stück aufgeführt werden. Seine Premiere erlebte es im Juni 1918 in einer halbprivaten Aufführung der Frankfurter Kammerspiele. Nach dem Weltkrieg bot man von Unruh in Frankfurt eine Wohnung im Rententurm am Mainkai an – neben dem Eschenheimer Turm und dem Kuhhirtenturm einer der drei erhaltenen Türme der gotischen Stadtmauer. Dort lebte Fritz von Unruh in der Weimarer Republik. Der expressionistische Schriftsteller gehörte zu dieser Zeit zu den meistgespielten Theaterautoren. Mit dem Kleist-, Bodmer-, Schiller-, Grillparzer- und Raabepreis wurde er bedacht. In dem

Der Rententurm, in dem Fritz von Unruh lebte, vom Eisernen Steg aus gesehen.

Stück „Zero“ sagt er 1932 den Vernichtungskrieg voraus. Als der Frankfurter Magistrat die Absetzung des Stückes beschloss, kündigte Fritz von Unruh die städtische Wohnung. Doch bevor er ausziehen konnte, wurde sie von den Nazis geplündert. Im Exil, zuerst in Italien, dann in Frankreich und Amerika, schrieb von Unruh eine Reihe historischer Dramen für die Schublade – er teilte das Schicksal so vieler Emigranten und blieb ein Prophet ohne Publikum.
Im Mai 1948, zum hundertsten Jubiläum der Paulskirche, wurde er dann von Frankfurts Oberbürgermeister Walter Kolb eingeladen, die Festrede zu halten. In langen, weit ausschwingenden Satzkaskaden zog er eine bittere Bilanz des deutschen Debakels. Hundert Jahre nach 1848, sagte er, sei Germania „eine all ihrer Hoheitszeichen entblößte, verarmte, zerlumpte Büßerin […] mit Totenschädeln vor den fluchzerweinten Augen“.
Als ihn die Gefühle übermannten, zwang ihn ein Schwächeanfall, seine lange Rede „in dieser von der Kriegsfurie so grässlich verwüsteten Stadt“ zu unterbrechen. Drei Monate später wurde er mit dem Goethepreis der Stadt Frankfurt ausgezeichnet. Doch auch diese hohe Ehre half nicht, den Dichter wieder zu einem gelesenen Dichter zu machen. Enttäuscht kehrte von Unruh nach Amerika zurück. Erst als dort 1962 eine Flut sein Hab und Gut zerstörte und Frankfurt ihm abermals eine Wohnung anbot, entschloss er sich zur endgültigen Rückkehr. Auf dem Familiengut Oranienhof in Diez an der Lahn starb er schließlich 1970.

Lektüre-Tipp: Volker Weidermann: *Das Buch der verbrannten Bücher*. Kiepenheuer & Witsch, Köln 2008, S. 100–102.

28.9.1924, Ulm – 26.10.2002, Frankfurt

Seine Gäste führte **Siegfried Unseld** gern in den Keller seines Hauses in der Klettenbergstraße 35. Dort lagern, in langen Regalen chronologisch aufgereiht, mehr als 120.000 Suhrkamp-Titel – Siegfried Unselds Vermächtnis und, wenn man so will, auch das geistige Vermächtnis des Deutschlands der zweiten Jahrhunderthälfte.

Siegfried Unseld, 1924 in Ulm geboren, wurde im Zweiten Weltkrieg als Marinefunker eingesetzt. Danach machte er eine Buchhandelslehre, studierte Germanistik (Dissertation über Hermann Hesse) und kam 1952 zum Suhrkamp Verlag nach Frankfurt. Nach dem Tod Peter Suhrkamps 1959 übernahm er die Geschäfte und baute den Verlag aus zum geistigen Zentrum Nachkriegsdeutschlands. Die Liste seiner Autoren reicht von Theodor Adorno bis Martin Walser und ist ebenso legendär wie unendlich. Sein Verlag wurde zum Sprachrohr der 68er-Bewegung, ohne sich mit ihr je gemeinzumachen. Immer auf der Jagd nach neuen Geschäftsideen, vergaß Unseld nie, dass man ein Verlagshaus anders führen muss als ein beliebiges Wirtschaftsunternehmen. Wolfgang Koeppen und zuvor auch Uwe Johnson förderte er finanziell über viele Jahre.

Die Briefwechsel mit seinen Autoren sind legendär: Darin offenbart der Verleger sich als ebenso durchsetzungsstark wie empfindsam für Autorenbelange. Oft zitierte er seinen Mentor Peter Suhrkamp: „Merken Sie sich eines: jeder Autor, und sei er noch so jung, steht als schöpferische Persönlichkeit turmhoch über uns."

In dieser Mischung aus größtmöglicher Dienstbarkeit bei gleichzeitig höchst ausgeprägtem Machtinstinkt liegt der Erfolg und wohl auch die Anziehungskraft dieses mächtigen Mannes, der gerne gut aß, leidenschaftlich Schach spielte und morgens im Hausener Schwimmbad regelmäßig seine Bahnen zog. Mühelos gelang es Unseld, Gegensätze zu vereinen. Er war ein scharfer Rechner, aber wer in der Klettenbergstraße – oder in der Eschersheimer Landstraße 94, wo er früher wohnte – zu Gast war, konnte sicher sein, aufs Großzügigste umsorgt zu werden. Alle Debattenstichworte, die die zweite Hälfte des 20. Jahrhunderts prägten, vom Jargon der Eigentlichkeit bis zur vaterlosen Gesellschaft, von der Kritik der zynischen Vernunft bis zur neuen Unübersichtlichkeit, stammten aus seinem Verlag. Insofern hat Jürgen Busche wohl recht, der in einem Nachruf schrieb, dass Frankfurt es seiner Persönlichkeit verdankte, „das Ansehen eines intellektuellen Gegenpols zu dem weiterhin aufschließenden Berlin zu bewahren".

Lektüre-Tipp: Peter Michalzik: *Unseld. Eine Biographie.* Goldmann Verlag, München 2003.

Erst im August 2002, wenige Wochen vor seinem Tod, wurde Unseld zum Ehrenbürger der Stadt ernannt. Darmstadts Akademie der Künste verweigerte ihm zeitlebens die Mitgliedschaft. Wer so viel Geschäftssinn bewies wie Siegfried Unseld, war der intellektuellen Gemeinschaft offenbar suspekt. Unseld aber konnte solche Gegensätze aushalten. Von der Klettenbergstraße und der Lindenstraße 29–35 aus, in der der Verlag residiert, regierte er ein geistiges Imperium, das weit über Frankfurt hinausreichte. George Steiner war es, der den Begriff „suhrkamp culture" prägte: Nicht zu Unrecht wurde Unselds Verlag auch als der Verlag der Bundesrepublik bezeichnet.

In seinem Haus starb Siegfried Unseld schließlich auch, nach langer Krankheit und quälenden Krankenhausaufenthalten, an Kreislaufversagen.

Siegfried Unselds Haus in der Klettenbergstraße.

Friedrich Karl Waechter

3.11.1937, Danzig – 16.9.2005, Frankfurt

Es begann alles recht bürgerlich. **Friedrich Karl Waechter** wurde 1937 in Danzig geboren. 1945 zog er mit seiner Familie nach Schleswig-Holstein. Nahe Lübeck, später in Mölln wuchs er auf, brach die Schule kurz vor dem Abitur ab, absolvierte in Hamburg eine Ausbildung zum Gebrauchsgrafiker. Begann zu arbeiten bei einer Werbeagentur in Freiburg. Dann ereilte ihn der Ruf nach Frankfurt. 1962 wurde er Chefgrafiker der neugegründeten Satirezeitschrift „Pardon". Gemeinsam mit Robert Gernhardt, F. W. Bernstein und Chlodwig Poth gründete er 1964 „WimS". „Welt im Spiegel" war eine Satirebeilage innerhalb der Satirezeitschrift, sozusagen das Nonsens-Programm neben der sich am harten bundesrepublikanischen Alltag der 60er Jahre abarbeitenden Realo-Fraktion.

Vier Jahre arbeitete Waechter fest für „Pardon", später als freischaffender Künstler. In den 70er Jahren entdeckte der inzwischen dreifache Vater ein weiteres Betätigungsfeld: Er schrieb und malte unzählige Kinderbücher – und er schrieb und entwarf unzählige Kindertheaterstücke. Das berühmteste – nicht weil es unbedingt sein bestes wäre, sondern weil es sich programmatisch so gut verorten ließ in der antiautoritären, linksintellektuellen Ecke – war und blieb der „Anti-Struwwelpeter". Später bezeichnete er ihn einmal als „notwendigen Spaß". Einer radikal antiautoritären Erziehung habe er niemals das Wort reden wollen, sagte er rückblickend. „Ich fand es schon damals idiotisch, wenn Bezugspersonen im Kinderladen Essensschlachten verteidigten, in denen beispielsweise mit Zucker umhergeworfen wurde. Man hat mir dann ‚Lustfeindlichkeit' vorgeworfen."

Um Enttabuisierungen war es ihm in der Tat zu tun. Nicht immer traf er auf wohlgesonnene Ohren: „Billigt der Magistrat diese Vorkommnisse?“, lautete eine ernsthafte Anfrage der CDU, als während eines Kinderfests 1976 ein Lied Waechters angestimmt wurde, das Ausdrücke aus dem Fäkalienbereich enthielt. Getreulich antwortete der Magistrat, die „inkriminierenden Worte hätten vermieden werden können“.

So engagierte sich der stille, bescheidene und im Gespräch stets zurückhaltende Mann, indem er schriftlich das Wort erhob und den Stift wieder und wieder zum Zeichnen senkte. An Frankfurt – er selber lebte recht idyllisch in einer Erdgeschosswohung in der Oberlindau 83 – lobte er einmal „die Hässlichkeit und Widersprüchlichkeit, die dort herrschen“ – ohne sie hätte ihm der entscheidende Impuls gefehlt, kreativ werden zu können.

Erinnern kann man sich an ihn in Frankfurt vor allem bei einem Spaziergang durch den Grüngürtel. Dem hatte er einige Werke seiner komischen Kunst vermacht. Im Sommer 2004 erkrankte der Läufer und Nichtraucher an Lungenkrebs. Ihm erlag er am 16. September 2005.

Lektüre-Tipp: Oliver Maria Schmitt (Hrsg.): *Die schärfsten Kritiker der Elche … Die Neue Frankfurter Schule in Wort und Strich und Bild.* Alexander Fest Verlag, Berlin 2001.

Im Erdgeschoss der Oberlindau 83 lebte Friedrich Karl Waechter.

Marianne Willemer

20.11.1784, Linz? – 6.12.1860, Frankfurt

Schon das junge Mädchen muss von betörendem Charme gewesen sein. Denn obgleich als jugendliche Schauspielerin, die es aus Wien nach Frankfurt verschlagen hatte, weitgehend unbekannt, wissen wir heute von gleich drei nicht unbedeutenden Männern, deren Herz für sie schlug: Johann Jakob Willemer, Clemens Brentano und Johann Wolfgang Goethe. Ersterer, Bankier und dilettierender Schriftsteller sowie dem Theater sehr zugetan, kaufte das 16-jährige Mädchen ihrer Mutter im Jahr 1800 förmlich ab: Für 2.000 Gulden und eine monatliche Rente für die Mutter erhielt er das Recht, sie mit seinen eigenen Kindern aufzuziehen. Dass aus diesem Verhältnis bald ein Mätressenstatus werden würde, war wohl für alle Parteien absehbar, für die mittellose Schauspielerin aber jedenfalls eine exzellente Partie. Im Oktober 1814 kam es dann zur ersten Begegnung zwischen ihr und Johann Wolfgang Goethe. Goethe war zu einer Kur nach Wiesbaden gefahren, Willemer – die beiden kannten sich aus Jugendzeiten – besuchte ihn dort mit Marianne und schlug ein Treffen auf der Gerbermühle (Gerbermühlenstraße 105) vor, die er als Landsitz gepachtet hatte. Dazu kam es tatsächlich im Oktober. „Mondschein und Sonnenuntergänge; die auf Willemers Mühle ... unendlich schön“, liest man in Goethes Tagebuch. Als am 18. Oktober 1814 der Jahrestag der Völkerschlacht von Leipzig gefeiert wurde, betrachteten Goethe und Marianne von der kleinen Terrasse des Gartenhauses auf dem Mühlberg in Sachsenhausen, dem heutigen Willemer-Häuschen, Hühnerweg 74 (1943 zerstört, rekonstruiert), das Feuerwerk. Zehn Monate später, am 12. August 1815, sah er sie wieder. Wieder weilte er zur Kur in Wiesbaden, wieder war er allein (seine Frau Christiane hatte einen Schlaganfall erlitten). Bankier Willemer hatte ihn eingeladen. Am 12. August 1815 fuhr er zur Gerbermühle. Er blieb bis zum 17. September. Auch das Stadthaus der Willemers „Zum rothen Männchen“ in der Töngesgasse 49 besuchte er. 1944 zerstörten es die Bomben.

Es war die Zeit, in der Goethe am „West-östlichen Divan“ arbeitete, dessen Verse ihm nicht immer leicht von der

Das rekonstruierte Willemer-Häuschen im Hühnerweg.

Hand gingen. Dass **Marianne Willemer** nicht unwesentlichen Anteil daran hatte, machte allerdings erst Hermann Grimm im Jahr 1869 bekannt – lange nach Goethes und acht Jahre nach Mariannes Tod. Denn sie war nicht nur die reale Figur hinter der im orientalischen Tonfall bedichteten Suleika, sie hatte Goethe auf Liebesgedichte, die er ihr geschrieben hatte, auf so kongeniale Weise geantwortet, dass Goethe sie in seine Verssammlung mit aufnahm – freilich, den Sitten der Zeit gehorchend, ohne ihre Autorschaft preiszugeben.

Mariannes Verse gehören zu den gleich beim ersten Lesen anrührendsten des Buches – nicht zuletzt deshalb waren sie bevorzugter Gegenstand späterer Liedvertonungen etwa von Schubert. Dass die ehemalige Schauspielerin tatsächlich hochbegabt war und von ihr weit mehr als diese zufälligen Liebeszeugnisse erhalten sind, hat Dagmar von Gersdorff nachgewiesen – neben Willemers wahrlich außerordentlichen Briefen sind es mehr als 80 Gedichte sowie sehr lesenswerte Tagebuch-Aufzeichnungen. In Goethes Stammbuch hat sich die kleine, dunkel-gelockte und nicht zierliche Frau selbst beschrieben: „Zu den Kleinen zähl' ich mich, / Liebe Kleine nennst Du mich / Willst du immer mich so heißen, / Werd ich stets mich glücklich preisen, / Bleibe gern mein Leben lang / Lang wie breit und breit wie lang."

Marianne Willemer zehrte von ihrer Liebe zu Goethe, sollte ihn jedoch nicht wiedersehen. Ein Achsbruch kurz hinter Weimar verhinderte im Folgejahr einen Besuch – Goethe scheint er ein willkommener Anlass gewesen sein, die Reise abzusagen. 1860 starb Marianne, 28 Jahre nach Goethes und 22 Jahre nach dem Tod ihres Mannes. Begraben ist sie auf dem Frankfurter Hauptfriedhof.

Lektüre-Tipp: Dagmar von Gersdorff: *Marianne von Willemer und Goethe. Geschichte einer Liebe.* Insel Verlag, Frankfurt 2003.

Bildnachweis

Anne Frank Stichting 45

Barbara Klemm 86

Dierk Wolters 11, 13, 16, 17, 18, 35, 37, 44, 45, 48, 51, 65, 66, 68, 71, 72, 74, 75, 77, 78, 79, 85, 87, 88, 91, 97, 105, 107, 109

Ernst-May-Gesellschaft 81

Frankfurter Telemann-Gesellschaft 100

Frankfurter Neue Presse, Archiv 53

Frankfurter Universitätsbibliothek 93, 94, 95

keystone 14, 25, 60, 64, 84, 92

picture-alliance / akg-images 16, 21, 22, 30, 52, 54, 62, 73

picture-alliance / maxppp 26, 39

picture-alliance / Imagno 34

picture-alliance / dpa 10, 39, 41, 44, 46, 49, 69, 70, 83, 89, 90, 96, 98, 104, 106, 108, 110

picture-alliance / united archives 42, 101

Sibylle Schmidt 10, 20, 24, 28, 33, 47, 55, 56, 58, 61, 63, 82, 99, 111

Siedlerverein FFM-Praunheim e.V. 80

teutopress 19, 29, 36, 50, 59, 76

Wilhelm-Busch-Museum Hannover 31, 32

wikipedia 12, 27, 38

wikimedia 43

Wolfgang Lechthaler 102

www.altfrankfurt.com 15, 23 (Rechte konnten nicht geklärt werden)